储能科学与工程专业"十四五"高等教育系列教材

数字抽水蓄能电站

主　编　尤万方　贺　洁　丁家满

副主编　阎　峻　徐　进　阚　阚　刘国云

科 学 出 版 社

北　京

内 容 简 介

本书介绍数字抽蓄整体架构、数字化感知、智能电子装置、大数据平台，以及数字孪生电站的主要功能、性能指标、网络类型、厂站层和现地层设备及功能，重点分析了各系统原理、软件功能、硬件设计及工程应用案例，同时结合数字抽蓄实例对基于数字孪生电站的智能预警、趋势分析、设备全生命周期管理等高级功能进行了介绍。

本书理论与实践相结合，内容全面、通俗易懂、指导性强。本书可供高等院校和相关专业科研技术人员使用，也可供各抽水蓄能电站的运行人员、维护人员、管理人员，以及设计单位设计人员和设备供应商人员参考。

图书在版编目(CIP)数据

数字抽水蓄能电站 / 尤万方，贺洁，丁家满主编. -- 北京 : 科学出版社，2025. 6. --(储能科学与工程专业“十四五”高等教育系列教材).
ISBN 978-7-03-081086-1

Ⅰ. TV743-39

中国国家版本馆 CIP 数据核字第 2025QK4253 号

责任编辑：陈 琪 张丽花 / 责任校对：王 瑞
责任印制：师艳茹 / 封面设计：马晓敏

科学出版社 出版
北京东黄城根北街 16 号
邮政编码：100717
http://www. sciencep. com
三河市骏杰印刷有限公司印刷
科学出版社发行 各地新华书店经销
*
2025 年 6 月第 一 版 开本：787×1092 1/16
2025 年 6 月第一次印刷 印张：9 1/2
字数：220 000

定价：59.00 元

(如有印装质量问题，我社负责调换)

《数字抽水蓄能电站》

编　委　会

序

储能已成为能源系统中不可或缺的一部分，关系国计民生，是支撑新型电力系统的重要技术和基础装备。我国储能产业正处于黄金发展期，已成为全球最大的储能市场，随着应用场景的不断拓展，产业规模迅速扩大，对储能专业人才的需求日益迫切。2020年，经教育部批准，由西安交通大学何雅玲院士率先牵头组建了储能科学与工程专业，提出储能专业知识体系和课程设置方案。

储能科学与工程专业是一个多学科交叉的新工科专业，涉及动力工程及工程热物理、电气工程、水利水电工程、材料科学与工程、化学工程等多个学科，人才培养方案及课程体系建设大多仍处于探索阶段，教材建设滞后于产业发展需求，给储能人才培养带来了巨大挑战。面向储能专业应用型、创新型人才培养，昆明理工大学王华教授组织编写了“储能科学与工程专业‘十四五’高等教育系列教材”。本系列教材汇聚了国内储能相关学科方向优势高校及知名能源企业的最新实践经验、教改成果、前沿科技及工程案例，强调产教融合和学科交叉，既注重理论基础，又突出产业应用，紧跟时代步伐，反映了最新的产业发展动态，为全国高校储能专业人才培养提供了重要支撑。归纳起来，本系列教材有以下四个鲜明的特点。

一、学科交叉，构建完备的储能知识体系。多学科交叉融合，建立了储能科学与工程本科专业知识图谱，覆盖了电化学储能、抽水蓄能、储热蓄冷、氢能及储能系统、电力系统及储能、储能专业实验等专业核心课、选修课，特别是多模块教材体系为多样化的储能人才培养奠定了基础。

二、产教融合，以应用案例强化基础理论。系列教材由高校教师和能源领域一流企业专家共同编写，紧跟产业发展趋势，依托各教材建设单位在储能产业化应用方面的优势，将最新工程案例、前沿科技成果等融入教材章节，理论联系实际更为密切，教材内容紧贴行业实践和产业发展。

三、实践创新，提出了储能实验教学方案。联合教育科技企业，组织编写了首部《储能科学与工程专业实验》，系统全面地设计了储能专业实践教学内容，融合了热工、流体、电化学、氢能、抽水蓄能等方面基础实验和综合实验，能够满足不同方向的储能专业人才培养需求，提高学生工程实践能力。

四、数字赋能，强化储能数字化资源建设。教材建设团队依托教育部虚拟教研室，构建了以理论基础为主、以实践环节为辅的储能专业知识图谱，提供了包括线上课程、教学视频、工程案例、虚拟仿真等在内的数字化资源，建成了以“纸质教材+数字化资源”为特征的储能系列教材，方便师生使用、反馈及互动，显著提升了教材使用效果和潜在教学成效。

储能产业属于新兴领域，储能专业属于新兴专业，本系列教材的出版十分及时。希望本系列教材的推出，能引领储能科学与工程专业的核心课程和教学团队建设，持续推动教学改革，为储能人才培养奠定基础、注入新动能，为我国储能产业的持续发展提供重要支撑。

中国工程院院士　吴锋

北京理工大学学术委员会副主任

2024 年 11 月

前　言

1882年，抽水蓄能电站诞生于瑞士苏黎世。1968年，河北岗南抽水蓄能电站投运，拉开了我国抽水蓄能建设的序幕。20世纪90年代，我国电力系统高速发展，电网调峰需求越来越大，随着广东广蓄、北京十三陵、浙江天荒坪等大型抽水蓄能电站相继投产，抽水蓄能迈入快速发展阶段，截至2023年12月底，我国抽水蓄能装机5094万千瓦。党的二十大报告提出：“积极稳妥推进碳达峰碳中和”，进一步明确了“双碳”目标，为中长期抽水蓄能的可持续高速发展指明了方向。

数字抽蓄电站是在适应智能电网源网协调要求的背景下，以信息数字化、通信网络化、集成标准化、运管一体化、业务互动化、运行最优化、决策智能化为特征，采用智能电子装置及智能设备，自动完成采集、测量、控制、保护等基本功能，基于一体化管控平台集成经济运行、在线分析评估与决策支持、安全防护与多系统联动等智能应用，实现生产运行安全可靠、经济高效、友好互动的目标。数字抽蓄的发展是从信息数字化、通信网络化、集成标准化到运管一体化、业务互动化、运行最优化、决策智能化的不断探索、研究、创新的动态过程。

本书以数字抽蓄的总体构架、业务构架、标准体系设计为基础，自下而上地从现地数字化智能感知、现地智能电子装置，延伸到网络层、平台层和应用层，系统、详细地介绍了数字化设备、软件的系统设计及功能要求，清晰地阐述了不同层级智能设备及数字化应用如何协同建设，从而构建完整的数字抽蓄电站。本书提供了两个数字抽蓄电站建设典型案例，使学生对数字抽蓄电站的建设有更清晰的认识。考虑到学生对数字抽蓄体系结构和各种设备、软件不熟悉，本书结合出版技术的新发展，录制了数字孪生水电厂的视频内容(可扫描右侧二维码观看)，增加了理论学习的场景体验。

视频

本书编写人员来自昆明理工大学和南京南瑞水利水电科技有限公司，其中尤万方、贺洁、丁家满担任主编，阎峻、徐进、阚阚、刘国云担任副主编。具体编写分工如下：第1章由贺洁、阎峻编写，第2章由丁家满、贺洁、阚阚、吴浩编写，第3章由王军涛、阚阚、栾俊编写，第4章由王雁、阎峻、徐进、栾俊、童颙、董海龙编写，第5章由尤万方、刘国云、徐松、刘健、管永清编写，第6章由刘国云、李渭杰、李欣、马道荣编写，第7章由尤万方、徐进、季加俊、李志强、印晶编写，第8章由徐进、马成伟、吴浩、陶丛丛、谢敏杰、周锐编写。

数字抽蓄是结合最新的理论成果和技术手段，面向未来较长时期内抽水蓄能企业应用需求，形成的新一代水电自动化技术和设备体系。由于数字抽蓄技术先进、体系复杂、涉及学科广泛，尽管编者尽最大努力编写此书，但书中难免有疏漏或不足之处，敬请广大读者批评指正。

编者

2024年10月

目　录

第 1 章　数字抽蓄概述

抽水蓄能是当今世界容量最大、技术经济性能最佳的物理储能方式。抽水蓄能电站具有调峰填谷、调频调相、事故备用等重要功能，为电网安全稳定、高质量供电提供重要保障，也为风电、光电等清洁能源大规模并网消纳提供重要支撑。随着坚强智能电网的不断建设和清洁能源的大规模开发利用，我国能源供给正在发生革命性的变化，发展抽水蓄能已成为能源结构转型的重要战略举措之一。

1.1　数字抽蓄的发展背景

1.1.1　抽水蓄能电站的发展历史

世界上第一座抽水蓄能电站于 1882 年诞生于瑞士苏黎世，至今已有一百多年的历史。从诞生之初到 20 世纪 50 年代末期，抽水蓄能一直处于缓慢发展状态。从 20 世纪 60 年代开始，抽水蓄能才进入快速发展时期，美国、日本、欧洲等国家和地区兴建了一大批抽水蓄能电站。同时期，河北岗南抽水蓄能电站投运，拉开了我国抽水蓄能事业的序幕。

我国抽水蓄能电站资源丰富，发展空间广阔。从 20 世纪 80 年代开始，随着我国电网容量的不断扩大和核电、风电与太阳能等新能源的逐步建设，我国加快了抽水蓄能电站建设步伐，兴建了一批抽水蓄能电站，如广蓄、十三陵、天荒坪、泰安、桐柏、琅琊山、宜兴、张河湾、西龙池等抽水蓄能电站。

根据国家能源局印发的《抽水蓄能中长期发展规划(2021—2035 年)》，按照应规尽规原则，国家部署重点实施项目共 340 个，装机规模约为 4.21 亿千瓦，并明确各时期项目实施时序；规划储备项目共 247 个，装机规模约为 3.06 亿千瓦，并提出规划储备项目待落实相关开发建设条件。其中，各区域电网抽蓄分布如表 1-1 所示。

表 1-1　抽蓄发展规划区域电网分布情况表

电网区域	重点实施项目		规划储备项目	
	数量/个	总装机/万千瓦	数量/个	总装机/万千瓦
东北	26	3310	44	6290
华北	18	2040	32	3730
华东	45	4960	23	2665
华中	61	7196	45	4050
西北	74	9775	47	5740
西南	45	6215	22	3919
南方	71	8580	34	4190

根据国家能源局印发的《申请纳入抽水蓄能中长期发展规划重点实施项目技术要求(暂行)》和国家发展改革委、国家能源局印发的《关于加强新形势下电力系统稳定工作的指导意见》，国家将因地制宜，有序建设抽水蓄能，按照“框定总量、提高质量、优中选优、有进有出、动态调整”的原则，提出项目优化调整建议。由此可见，抽水蓄能电站的开发建设在将来一段时间内将作为国家重要投资方向。

1.1.2　抽水蓄能电站在新型电力系统中承担重要角色

构建新型电力系统是一项复杂的系统性工程，需要同时考虑电力安全稳定、新能源比例不断提高、系统成本合理三个方面的协调，以及处理好火电机组清洁转型、风光等可再生能源有序渗透、电网协调互济能力建设、灵活性资源合理配置等方面的关系。科学规划新型电力系统的构建路径是实现碳达峰、碳中和目标的基础，也是新型电力系统中各主体发展的边界和指南。而迄今为止，抽水蓄能电站仍然是全世界最主要、最成熟并且能效最高的储能形式，对我国以风、光等波动性特征明显的新能源为主的新型电力系统的构建，起到举足轻重的支撑作用。

2023年，我国煤电装机占比首次降至40%以下，但从发电量来看，2023年煤电发电量在总发电量的占比接近60%，煤电仍是当前我国电力供应的主力电源，减排压力巨大，需要在确保供应安全的情况下有序减量减容；而风光装机在全国发电总装机的占比虽超过36%，但发电量仅占全社会用电量的15.3%，风光装机规模及发电量具有巨大的提升空间，需要在电网中加速渗透。系统灵活性资源严重缺乏，抽水蓄能、燃气发电等灵活调节电源装机占比为16.9%，尤其是投产抽水蓄能总装机容量5094万千瓦(截至2023年底)，仅占总装机容量的1.74%，需全力加快开发建设。此外，还需要利用数字模拟技术预测新能源在供给侧的出力，精准管控挖掘需求侧管理潜力，扩大火电机组灵活性改造的比例，提高电网大范围优化配置资源的能力，以应对系统调节能力不足的问题。同时，系统中部分主体能提供功能类似的服务，例如，在电网中配置储能和增加联络线均可以改善局部潮流，配置抽水蓄能电站能够代替部分调相机的作用，等等。在这种情况下，各主体的协调发展、资源的优化配置、经济成本的节约均依赖于科学合理的规划，并需从更大范围和更长时间尺度上进行统筹。

在“源随荷动”的传统电力系统时代，我国电源与电网的规划就存在一定不协调的问题。进入“源网荷储”共同发展的新型电力系统时代，协同规划的重要性被进一步放大。抽水蓄能作为电力系统中重要的清洁灵活性调节电源，在保障大电网安全、促进清洁能源消纳和优化系统运行方面发挥着重要的作用。因此，应进一步加强规划引领、充分考虑自身开发与新型电力系统建设需求的衔接。进入“十四五”以来，国家相继发布了《抽水蓄能中长期发展规划(2021—2035年)》《氢能产业发展中长期规划(2021—2035年)》《“十四五”可再生能源发展规划》等文件，进一步指导电力行业规划的制定和滚动调整，达到优化配置资源的目的。

抽水蓄能电站技术成熟度高、容量大、寿命长、可靠性高、经济性好，适用于调峰容量需求或调峰电量需求较大的场景，并以较高电压等级接入主网中。我国两大电网和各大能源企业积极投资抽水蓄能电站建设，抽水蓄能的多样化、智能化发展也逐渐被重视。而加快基于数字化、智能化技术的电站的标准化建设是应对抽水蓄能电站进入开发、建设、投产高峰叠加期后各种困难挑战的重要举措，有助于设备制造进度的加快和质量的提高，有助于基建工作的安全有序推进，有助于生产运行管理效率的提高，是抽水蓄能向精益化方向发展的重要保障。

1.1.3　抽水蓄能电站数字化建设现状

抽水蓄能电站工程投资大、社会影响广，运用自动化、信息化技术进行安全高效管控，是保障抽蓄电站发挥预期设计功能、提高其经济效益和社会效益的重要技术手段。我国抽蓄电站的发展从严重依赖进口设备到蒲石河、响水涧等项目开展全面国产化替代，近 20 年来发展迅速，技术迭代日新月异。但较常规水力发电(简称水电)而言，其数字化、智能化的起步也相对晚一些。与常规水电自动化发展历程相似，抽水蓄能电站自动化技术由于在早期受到计算机、网络技术水平及系统规划、集成能力的限制，以及成套进口厂商的技术封锁等因素，难以对电站自动化系统进行整体的规划，因此采用“分而治之”的思想，按照不同的业务将其划分为多个相对独立的子系统，有效降低了各个子系统的建设难度。受早期技术局限及建设模式影响，电站运维对数据挖掘、分析评估、决策支持等功能的需求尚未凸显。

随着技术和标准的提升，传统的水电厂自动化系统架构越来越难以满足新的发展形势。从外部环境来看，各个国家都不约而同地将目光集中于发展智能电网和各类新能源，以解决全球气候逐步恶化、温室效应加剧、传统能源日益短缺等问题，抢占未来经济及科技发展的制高点。我国也将智能电网上升为国家战略。智能电网及大规模间歇性新能源的快速发展，对主要承担调峰调频、新能源消纳、电网稳定任务的抽水蓄能机组可靠性及源网协调能力均提出了更高的要求。传统水电厂自动化系统缺少对水电厂主设备健康状态的在线监测和分析评估技术，现地测量信号线缆易受现地强电磁场干扰，从而影响控制调节的可靠性，通过脉冲方式增减机组有功/无功(即有功功率/无功功率)的方式难以满足电网频率调节要求。云计算、大数据、物联网、移动终端、虚拟现实、人工智能等新兴技术逐渐成熟，正在推动水电厂自动化系统架构以及业务流程的革新。从内部环境来看，随着水电企业新投产电站的不断增多，人力资源不足的问题日益突出，加之新电站建设成本、人力成本以及其他各类型成本的逐年上涨，使得水电企业普遍面临利润不断下降的严峻形势，需要通过精细化运行管理和集约化生产管理，实现降本增效，确保水电企业可持续健康发展。在此情况下，传统水电厂自动化系统逐渐显露出子系统体系架构各异、通信标准不统一、信息共享困难、业务协同能力不足等缺点，制约了各业务智能化的快速发展和应用，无法很好地满足水电厂进一步提升信息综合评估能力、深入实现信息集成与综合应用、提高运行管理水平与转变管理模式的客观需求。

具体而言，传统抽水蓄能电厂自动化技术主要存在如下不足。①按专业孤立管控，各专业测控功能冗杂。“水-机-电”三元因素特性差异巨大且交织影响，内部交互机理及外部响应特性极其复杂，缺乏规范化的功能划分与明确定义以及实现相关功能之间互动的技术支撑。②机组、电站源网协调能力不足。随着大规模新能源接入电网，其存在的间歇性、随机性及强波动性等弱点，对抽水蓄能机组调峰/调频响应速度及精度、一次调频与二次调频协调控制、机组有功/无功调节可用率，以及水电厂自动发电控制投运率、可用率、调节过程、调节精度等均提出了更高的要求。③主设备安全保障及可靠运行能力不足。水轮水泵机组、发电机、变压器等主设备耗资巨大，其运行形态直接决定着水电厂的安全性及调节能力。水轮发电机组集水机电于一体，既要承受相对缓慢的非恒定水力冲击，又要承受快速瞬变的交流电磁场影响，故障种类及机理十分复杂，水电主设备运行形态在线精确测量及健康状态评估能力不足。

综上所述，随着智能电网及抽水蓄能电站建设的不断深入，对电厂运行可靠性、源网协调能力及智能决策能力提出全新的要求，传统水电自动化技术越来越难以满足上述要求。因此，需要综合应用最新的理论成果和技术手段，研究能够较好地适应和满足未来相当长的时期内抽水蓄能企业应用需求的新型水电自动化技术，研制新一代的符合抽水蓄能电厂运行特点的自动化软硬件产品，有效地实现各类设备、业务系统之间的协同互动，提供更加智能化的分析评估，提升抽水蓄能电厂源网协调能力及智能决策能力，保障电站安全、可靠、经济、高效运行。

1.2 数字抽蓄的内涵特征

“双碳”目标促进新型电力系统的建设，抽水蓄能电站作为技术最成熟稳定、储能能力最高效经济的储能形式，得到广泛共识。随着抽水蓄能迎来跨越式发展，行业内在多方面进行技术攻关，尤其是在工程数字化、智能化方面开展大量有益探索和实践，与此同时，国内外对智能水电厂的研究和建设正大步发展，数字抽蓄的概念正是在这个背景下产生的。

2016 年，国家能源局批准发布了电力行业标准《智能水电厂技术导则》(DL/T 1547—2016)。2021 年，该标准升级为国家标准《智能水电厂技术导则》(GB/T 40222—2021)，强调了智能水电厂是以自动化、数字化、信息化为基础，利用云计算、大数据、物联网、移动互联、人工智能等技术，具有自感知、自学习、自决策、自执行、自适应能力，实现安全、稳定、高效运行的水电厂。

2023 年，国际电工委员会正式颁布标准《智能水电站技术指南》(Technical guidelines for smart hydroelectric power plant)(IEC/IEEE 63198—2775)，提出智能水电厂是具备信息数字化、通信网络化、集成标准化、业务互动化、运行最优化、决策智能化的水电厂或水电站群。

抽水蓄能电站虽未独立发布相关标准，但在数字抽蓄方面遵循和借鉴了智能水电厂的相关标准理念。与智能水电厂的特征内涵一致，数字抽蓄也是在适应智能电网源网协调要求上，以信息数字化、通信网络化、集成标准化、运管一体化、业务互动化、运行最优化、决策智能化为特征，采用智能电子装置(intelligent electronic device，IED)及智能设备，自动完成采集、测量、控制、保护等基本功能，具备基于一体化管控平台的经济运行、在线分析评估决策支持、安全防护多系统联动等智能应用组件，实现生产运行安全可靠、经济高效、友好互动目标的抽水蓄能电站。具体包括以下几点。

(1)信息数字化。通过采用数字化测量方式取代传统模拟信号测量方式，建立标准的通信总线，实现测控信息数字化。

(2) 通信网络化。通过构建全厂统一的通信网络系统，采用国际开放的标准网络通信协议，实现各类传感器、装置及软件平台之间的高速可靠数据传输。

(3) 集成标准化。遵循“标准先行”的原则，制定统一的信息建模和命名规范，以及不同组件和系统之间的集成规范，实现全厂模型资源统一管理以及不同业务应用即插即用。

(4) 运管一体化。通过构建统一的消息总线和服务总线，研制一体化管控平台，实现各类业务的统一集中管理。

(5) 业务互动化。通过加强各类业务应用之间的数据共享，规范化抽水蓄能电站的业务流和信息流，实现各类业务之间的友好互动。

(6) 运行最优化。通过充分运用系统工程理论，持续改进水库调度、负荷分配等优化模型和算法，确定机组科学合理的运行方式，不断提高抽水蓄能电站的运行效益并进一步加强与电网的友好互动。

(7) 决策智能化。通过积极采用人工智能、专家系统、大数据分析等新兴技术手段，充分挖掘各类业务数据的潜在价值，建立并持续丰富企业专家知识库，不断提高系统的优化决策支持能力，从而达到提高设备可用率、降低运维检修成本的目的。

1.3　数字抽蓄的建设目标

《中华人民共和国国民经济和社会发展第十四个五年规划和 2035 年远景目标纲要》提出要深入实施创新驱动发展战略，围绕强化数字化转型、智能升级、融合创新支撑，布局建设新型基础设施，也为能源行业数字化、智能化建设明确了道路。按照国家和行业相关要求，抽水蓄能电站正在加速数字化、智能化转型工作，需要扎实推进工程全生命周期信息化和数字化总体规划、建设期智能化建造总体规划及运行期智慧化运营初步规划的编制与实施，并逐步开展有益的探索和实践。

水电的数字化、智能化建设已成为行业共识，三峡集团、华能澜沧江、国能大渡河、国网新源、南网双调等国内大型骨干水电企业都在开展智能水电厂规划和建设。电力行业是能源的重要生产者，水电是清洁能源的重要提供者，抽水蓄能在构建能源互联网中发挥着重要作用，是新型电力系统的重要组成。开展抽水蓄能电站数字化、智能化建设，既是积极响应国家发展战略，顺应时代发展趋势的必要举措，也是抓住时代机遇，积极应用新理念、新技术破解发展难题，推动企业创新发展、提质增效的必由之路。作为我国抽水蓄能行业的龙头企业，国网新源公司在 2022 年开展的数字化智能抽水蓄能电站理论研究中提出，数字化智能抽蓄电站是以抽水蓄能电站全生命周期管理为理念，以自动化、网络化、信息化为基础，以数字孪生技术为载体，以 BIM 正向设计为手段，充分融合数字化技术、信息技术和现代工业技术，具备“全景监控、虚实融合、高度协同、自主管控、安全高效、绿色低碳”特征的少人干预、自主运行的电站。

数字抽蓄的建设旨在解决抽水蓄能电站在规划设计、工程建设、运维管理、安全管控和经营管理等方面存在的问题。这就需要行业紧跟新兴技术发展步伐，持续优化自动化系统架构，不断改进系统功能和性能，提高抽蓄电站主设备运行的可靠性和水能利用率，加强支撑电网安全稳定运行的保障能力和新能源消纳能力，提升电站安全管理能力和应急响应能力，实现全站全景监控、业务协同及智能决策，推动企业管理创新与机制变革，促进抽蓄电站在设计、建设、运营全生命周期内向一体化、智能化的高效运行管理模式转变。具体包括以下几点。

(1)实现统一建模。统一建模是数字化抽蓄电站的核心内容，不仅可以解决不同厂家设备的不兼容问题，而且利于工程调试和工程维护，同时也是实现不同厂家设备装置互换的前提条件。除各二次系统外，还需要针对大量传统的传感器、控制器、采集器、智能组件等的各类数据源或装置等建立标准数据模型，实现稳定可靠和通用唯一的数据交互过程。

(2)提高设备及系统的友好互动能力。深化一次调频、电力系统稳定器(power system stabilizer，PSS)的控制和安全策略，加强自动发电控制/自动电压控制与调速/励磁系统协调控制，提高机组快速响应能力和源网协调能力，满足电网考核要求；站内各系统/应用之间通过统一的接口、规范标准，实现数据流和业务流的无缝衔接，提高业务效率且避免人工出错；现地各装置之间能够高效协同配合，实现数据的网络化采集、分发与共享，减少系统调试及后期运维的成本。

(3)提高电力生产的安全性和可靠性。通过各类先进软硬件技术及测试技术的应用，改进现地测控装置产品质量，延长设备的无故障连续运行时间；采用现地光纤通信取代信号线缆，消除现场电磁干扰带来的潜在安全隐患；通过智能监控装置的自诊断、自恢复等智能化技术，提高现地自动化系统的自愈能力；利用水电厂主设备状态监测技术，提前识别出主设备的缺陷和故障；量化识别电站运行中的各类风险，对风险进行预控；加强气象、水质、工程与地质等要素的监测，提升各类自然灾害和突发事故的预测预警能力、应急响应能力和快速决策指挥能力。

(4)实现电力生产的降本增效。利用各类预测、调度、控制智能模型与算法，提高机组发电效率并进一步加强与电网的友好互动；利用主设备状态检修技术，准确评估水电机组健康状态和风险水平，根据机组健康状态合理安排机组检修，提高水电厂主设备的可用率和利用率，降低设备检修成本；通过规范的对象化建模和通信总线，以及一体化管控平台等技术手段，提高工作效率，减少系统安装调试及后期运行维护阶段的人力成本。

(5)实现数字化移交。综合考虑电站规划设计、基建以及运行的业务需求，研究明确电站生命周期各阶段需数字化移交的工作内容。基于 BIM+GIS 技术构建空间三维虚拟电站，作为电站基建、运行管理信息的可视化展示及物理仿真平台，实现抽水蓄能电站物理实体在信息空间进行全要素重建，以及物理实体电站运行信息在三维空间的展示。协同产业链开展抽水蓄能电站数字孪生多物理场耦合机理研究，构建具有感知、分析、预测、决策，以及自主学习演进能力的抽水蓄能电站数字孪生体，形成叠加时间维度的四维数字化虚拟电站，远期实现反馈优化抽水蓄能电站运行控制和管理决策。

1.4　数字抽蓄的体系设计

数字抽蓄的体系设计涵盖抽水蓄能电站各阶段的工程数字化、智能化应用场景和业务需求，针对抽水蓄能工程项目的特点，开展工程全生命周期数字化总体规划、建设期智能化建造总体规划和运行期智慧化运营初步规划的编制与实施，打造以智慧基建、数字孪生及数字移交、仿真培训、智能控制与运行、智能运维与检修管理等业务为代表的数字化智能抽蓄电站体系，全方位服务抽蓄工程建设和运行全过程的降本增效、保值增值。

1) 数字抽蓄体系架构设计

开展数字抽蓄分层分区体系架构设计，分析各复杂测控功能之间的内在联系，基于支持 DL/T 860 标准的水电厂信息建模原理，建立适用于我国抽水蓄能电站运行特性及电网调度模式的信息模型，提出基于 DL/T 860、IEC 61970:2024 SER 标准的通信总线，设计数字抽蓄过程层网和厂站层网，研究不同规模和机组类型的抽蓄电站智能电子装置的典型配置和部署方案，提出一体化管控平台及各类智能应用组件的规范化接口，建立数字抽蓄调试、运维及智能设备测试技术体系，提出实现抽蓄电站一体化管控的运行管理模式。

2) 水电厂现地智能电子装置

基于水电公共信息模型及标准通信总线，研究抽水蓄能机组数字化调节方法，以及智能电子装置在线自诊断、自恢复方法。在此基础上，研制支持 DL/T 860 标准的智能监控装置、智能调速装置、智能励磁装置、智能保护装置等，提高水电机组调节响应速度和精度，提升水电厂源网协调能力。

3) 大数据平台设计

开展设备统一编码和业务信息模型建设，全面汇聚规范业务系统数据，打通企业数据流和业务流，实现数据的规范治理、全面贯通、集成共享，为开展电站全景展示、大数据挖掘分析、人工智能应用、应急决策等提供数据支撑。基于数字化智能抽蓄电站的各项业务梳理，将具有共性特征的业务沉淀为企业级共享服务中心，并建设包含统一权限、统一视频、GIS、人工智能、物联网等技术的技术中台。

4) 智慧工地及数字化移交

广泛应用物联网、BIM、VR 和人工智能技术，融合工程安全监测、地灾排查预警、现场安全管控等基建安全管控体系，以及大坝碾压监控、灌浆监控等质量监测监控体系，实现对重要施工作业面和关键环节的实时监控，实现施工现场过程全面感知、协同工作、智能分析、风险预控，打造智慧工地。

基于三维可视化技术、统一编码规则和统一数据模型，构建以三维 BIM 电站和基建期数据中心为载体的数字化移交系统，实现对已归档的勘测设计资料、机电设备安装调试资料、设备技术资料等图纸文档的数字化存储、查询、检索，以及与其他投运业务系统功能互补等功能。

应用三维建模及三维 GIS 技术，建立抽水蓄能电站设备及环境三维动态仿真对象和场景库，构建沉浸式抽水蓄能电站仿真培训系统，实现抽水蓄能电站运行和检修全过程、全范围的仿真，支撑水电站运行仿真、设备检修、应急演练等业务。

5）水轮水泵机组主设备状态监测与状态检修决策支持

分析水电机组“水-机-电”耦合运行机理，梳理抽蓄机组常见故障及原因，构建抽蓄机组故障案例库和专家知识库，建立抽蓄电站主设备状态评价和风险评估指标体系，提出水轮水泵机组故障诊断专家系统法、故障树法和案例诊断法，并结合 D-S 证据理论实现机组多元融合故障诊断，研究稳态工况下的机组运行特征提取及在线修正方法，研制支持 DL/T 860 标准的抽蓄主设备状态监测及状态检修决策支持系统，提高抽蓄机组运行的安全性、可靠性和利用率。

6）大坝安全分析评估决策支持

梳理上库、下库坝体常见异常形态及产生原因，研究大体积混凝土结构体实测应力应变及自身体积变形的快速分解方法，建立大坝安全监测与分析评估模型库，对大坝安全监测数据进行分析处理，判定监测结果和巡视检查结果，诊断所有监测或检查部位是否正常，综合评价整个大坝的安全稳定状况，并通过智能分析评估给出决策建议。

7）安全防护多系统联动

分析电站在厂房、中控楼、上下库、办公楼等各安全防护相关设备及系统内在的业务逻辑关系，研究相关设备及系统的联动模式及联动策略，统一安全防护多系统联动接口，研制基于一体化管控平台的联动策略管理智能应用组件，实现计算机监控、工业电视、巡检、五防、门禁、消防、生产管理等多系统的联动功能，提高抽水蓄能电站运行的安全性和可靠性，以及运维人员的工作效率。

8）其他智能生产运行及安全管控应用

重点围绕物联网、云计算、大数据、移动互联、人工智能等新兴技术开展在抽水蓄能电站中的应用研究，深化研究并应用数值分析、数据挖掘、商业智能、专家系统等传统分析评估技术，持续完善数字抽蓄业务应用体系，现阶段以生产数据分析、生产运行智能化报警为突破点，研究标准化、开放的智能应用组件接口，支持第三方智能应用组件的无缝集成。

第 2 章　数字抽蓄体系架构

2.1　总 体 架 构

数字抽蓄面向电站全生命周期业务需求，利用信息化、数字化、智能化手段，深入落实物联网、人工智能、大数据、云计算、虚拟现实等新一代信息技术与生产建设的融合，实现智能化生产和管理，形成数字抽蓄总体架构，如图 2-1 所示。

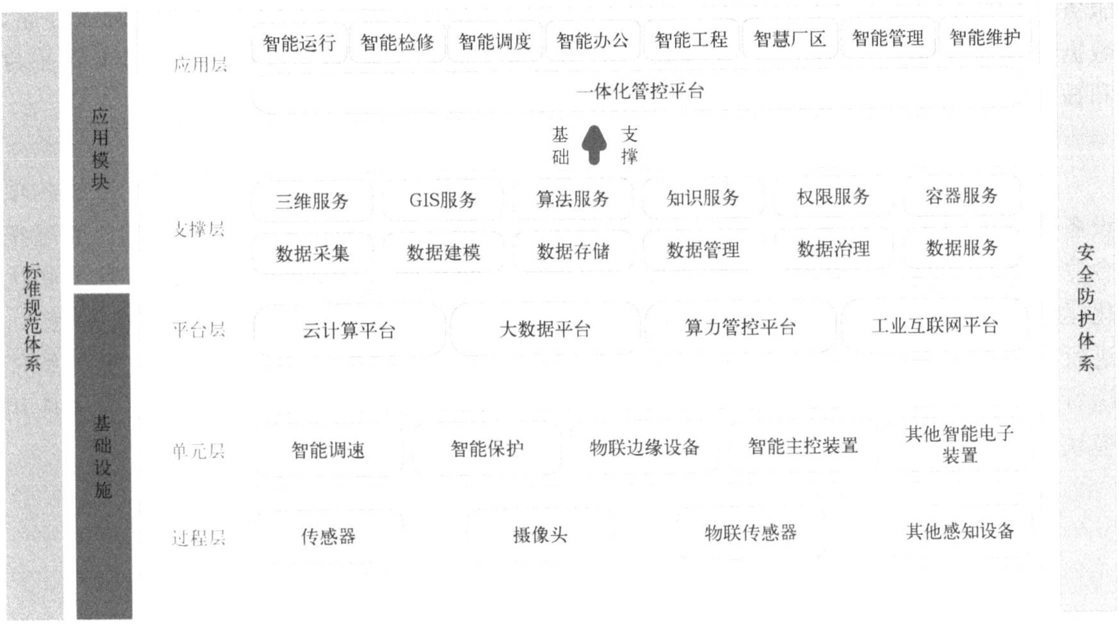

图 2-1　数字抽蓄总体架构图

其架构通常包括以下几个关键层次和组件。

1) 过程层

过程层 (process layer) 主要由传感器、摄像头、物联传感器和其他感知设备构成，主要功能是采集各类实时数据，涵盖设备运行状态环境参数等信息，为上层系统提供原始数据支撑，是实现系统智能化监测与控制的基础环节。

2) 单元层

单元层 (unit layer) 主要包括各类智能化的现地监测、控制和保护设备的智能电子装置，能按照可配置的控制策略实现对单元内相关设备的监视、控制和保护，实现与过程层和平台层设备进行通信。生产控制大区的单元层包括机组现地控制、继电保护、稳定控制、励磁、调速、SFC、主设备状态监测、水情自动测报等子系统，管理信息大区单元层包括工业电视、门禁、大坝安全监测等子系统。

3) 平台层

平台层(platform layer)主要是指支撑数字抽蓄建设的平台型基础设施，包括提供计算和存储能力的云计算平台、提供数据存储计算分析的大数据平台、提供人工智能所需算力的算力管控平台和用于设备管理、数据集成、应用开发和运行的工业互联网平台等，支撑数据采集、大数据分析和人工智能等。在数字抽蓄建设过程中，根据建设需求，一般会展开微服务平台、容器云平台、物联网平台、大数据平台、人工智能大模型平台、机器视觉平台等。

4) 支撑层

支撑层(supporting layer)依托平台层提供的软硬件设施，结合数字抽蓄建设需求，从业务和数据的角度进一步梳理出业务一体化所需的共性支撑模块，为数据治理、数据服务、业务开发等提供有力支撑。通过抽蓄电站全业务数据采集、数据建模、数据存储、数据仓库与数据分析等环节，支撑建立数据集成平台、大数据分析平台、业务支撑平台和技术支撑平台，全面支撑数字抽蓄数据计算、分析和展示类应用落地。

5) 应用层

应用层(application layer)通过收集来自传感器和设备的数据，对抽蓄电站的各项设备进行实时监控和深度分析，提供有关电站性能、效率和维护需求的信息；通过整合底层组件的功能，提供面向运维管理的业务功能和服务，实现高效的能源管理和优化运行；提供友好的用户界面，使得管理人员和相关者能够轻松访问电站的状态信息，进行必要的配置和管理操作。应用层主要包括一体化管控平台和在此基础之上的智能运行、智能检修、智能调度、智能管理、智能维护等一系列辅助生产管理的业务应用模块。

2.2　业务架构

数字抽蓄的建设一般采用分层分区的方式展开，以网络化现地测控设备体系为基础、可靠的高速光纤传输网络为物理主干、标准通信总线和设备信息模型为主要支撑、一体化管控平台为核心、智能化高级应用体系为主体，建立横跨电力安全区域的全业务系统，包括Ⅰ区的计算机监控系统和自动发电控制系统等；Ⅱ区的电能量主站系统、故障录波系统和状态监测系统等；Ⅲ区建立的全厂完整的数字化业务应用，包括智能辅助决策系统、智能巡检系统、智能两票系统、设备全生命周期管理、数字文档管理、智慧办公、智慧厂区、安全防护等一系列高级应用，具体业务架构如图 2-2 所示。在电站建设期和运维期分别通过不同的业务模块来完成电站的精益化管理，其中在电站建设期一般会建立包括项目管理、现场管理、施工管理在内的三大板块，实现从项目开工到竣工的全过程业务管理；运维期会建立包括运行管理、维护管理、检修管理、办公等板块，围绕电站长期安全、高效运营的要求，实现数字抽蓄建设。

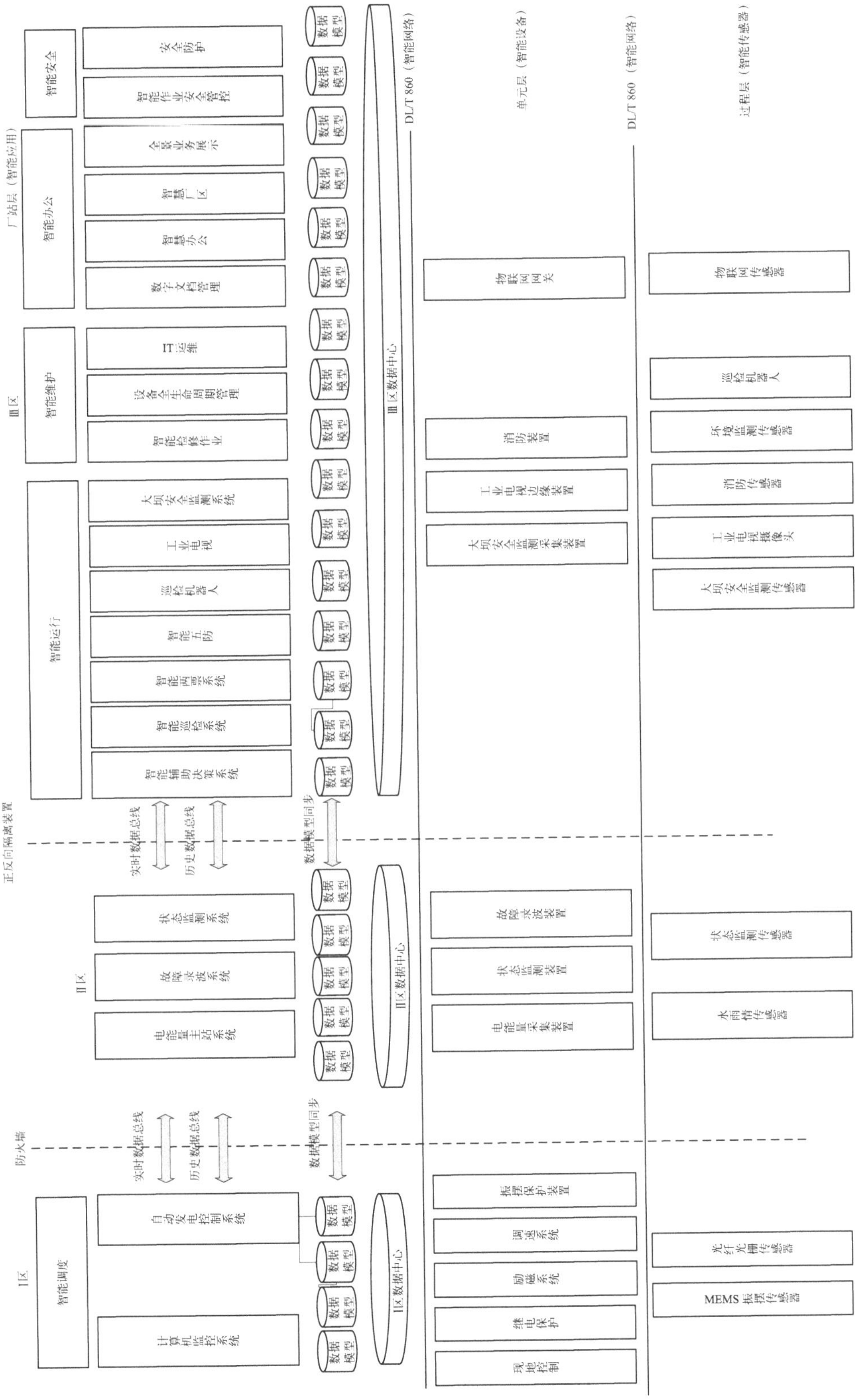

图 2-2　数字抽蓄业务架构示意图

2.3 标 准 体 系

为确保抽蓄电站的设计、施工、运行、维护等各个环节能够达到统一的技术要求和质量标准，在数字抽蓄的建设过程中需制定一系列的标准规范，覆盖从建设初期到运维后期的全过程，以国家标准、行业标准和企业标准为依据，建立统一数据标准体系和信息安全体系，为最终实现数据的一致性和准确性建立坚实的基础，提高电站的整体效率和安全性。

1. 数据标准体系

为实现数据的统一管控，促进数据共享，提升数据分析处理效率以及数据价值，通过自上而下识别溯源关键业务数据，对源头数据进行梳理和分析，参考国家数据标准以及行业数据标准，形成抽蓄电站的主数据标准、元数据标准等规范，通过横向数据盘点对源头数据进行治理，逐步提高电站数据质量。

数据标准是面向抽水蓄能电站的全生命周期，为满足业务应用需求和保障数据高效共享而建立的一套数据标准体系，涵盖 GIS 数据、BIM 数据、专题数据，数据类型包括静态、准静态、动态和实时数据，具体包含工程全生命周期的元数据、数据分类及编码、GIS 相关、BIM 相关和数据汇聚存储五个方面。

数字抽蓄电站建设应按“一个数据标准”实施，即在构建数字抽蓄电站时，先构建完整的、成体系的数据标准，重点开展设施设备资产全生命周期统一编码编制，从数据应用阶段、数据获取方式、数据接入形式、数据组织架构、数据编码体系等方面入手，制定标准化数字规约，为后续业务应用提供统一工程数据标准。

2. 信息安全体系

数字抽蓄电站信息安全体系设计需严格遵循国家及公司信息安全防护相关要求，基于通用等级保护安全设计框架和公司现有网络安全基础架构，通过构建信息安全技术体系、信息安全管理体系、信息安全运营体系，实现具备技术先进性和成熟性的安全保障体系。

数字化、智能化抽水蓄能电站工程信息安全技术体系，围绕物理安全、边界安全、传输安全、网络安全、数据安全、应用安全六个方面的安全应用需求，制定全方位、多层次的安全策略，建立终端、云端、网端三位一体的综合协同联防的安全防御模型。

2.4 典型物理结构

依据《电力监控系统安全防护规定》，抽水蓄能电站采用横向分区的体系结构，分为生产控制大区和管理信息大区，两个大区之间采用物理单向隔离装置进行隔离。其中，生产控制大区分为安全Ⅰ区和安全Ⅱ区，两个区之间采用硬件防火墙隔离，见图 2-3。当前，随着国家信息安全要求的不断提升，二次安防的要求也越来越高，需根据安全要求增加配置，如入侵检测装置、网络安全监测装置、堡垒机、日志审计、杀毒服务器等，确保系统的安全运行。

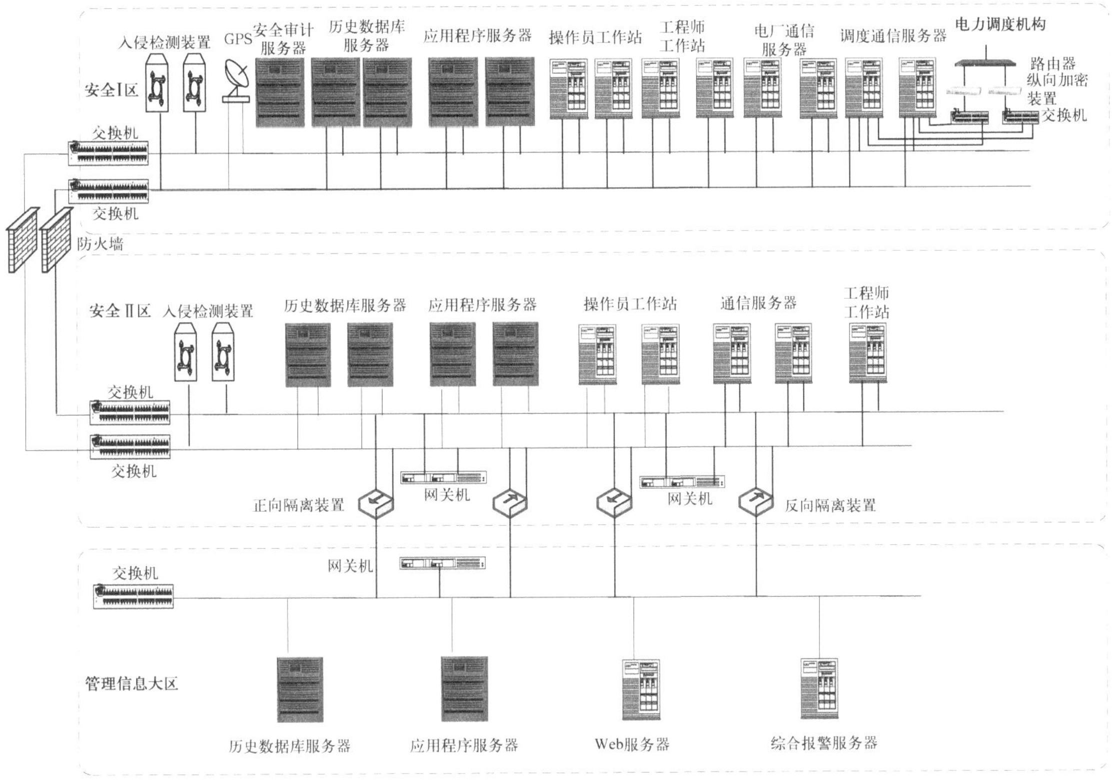

图 2-3　数字抽蓄典型物理结构示意图

为确保系统长期运行的可靠性和稳定性，在网络、关键设备及核心应用等方面均采用冗余化配置，并通过相关的技术手段实现系统故障点的自诊断、自隔离及自恢复。过程层 GOOSE 网和 SV 网、厂站层 MMS 网完全独立配置，均配置双网结构，系统在安全Ⅰ区、安全Ⅱ区和管理信息大区均双重化配置交换机，构建相互独立、互为备用的冗余以太网。不同安全区之间均双重化配置硬件防火墙、正向隔离装置、反向隔离装置，构建完全独立的跨区数据通信链路。各安全区的历史数据库服务器、应用程序服务器、通信服务器、Web 服务器、综合报警服务器等重要节点也均采用双重化配置，实现在线冗余与无扰动切换。各安全区根据需要配备多台操作员工作站，各工作站地位均等，可同时进行操作。

与传统抽水蓄能电站相比，安全Ⅰ区、安全Ⅱ区计算机设备在数量上无明显差异；但管理信息大区可采用超融合或虚拟化技术，通过部署统一的 Web 服务器和一体化管控平台，集中部署各类 B/S 应用系统，因此可大幅减少交换机、路由器、服务器等硬件设备，且智能应用越多，设备利用率越高，系统初始投资以及运维成本节约越明显。

2.4.1　分层分区体系架构

数字抽蓄是在智能水电厂相关技术标准上演变而来的。依据《智能水电厂技术导则》(GB/T 40222—2021)，智能水电厂横向划分为生产控制大区(包括安全Ⅰ区、安全Ⅱ区)和管理信息大区。生产控制大区纵向划分为“三层两网”，三层分别为过程层、单元层和厂站层，两网分别为厂站层网络(MMS 网)和过程层网络(GOOSE 网、SV 网)。管理信息大区纵向划分为单元层和厂站层。系统总体框架如图 2-4 所示。

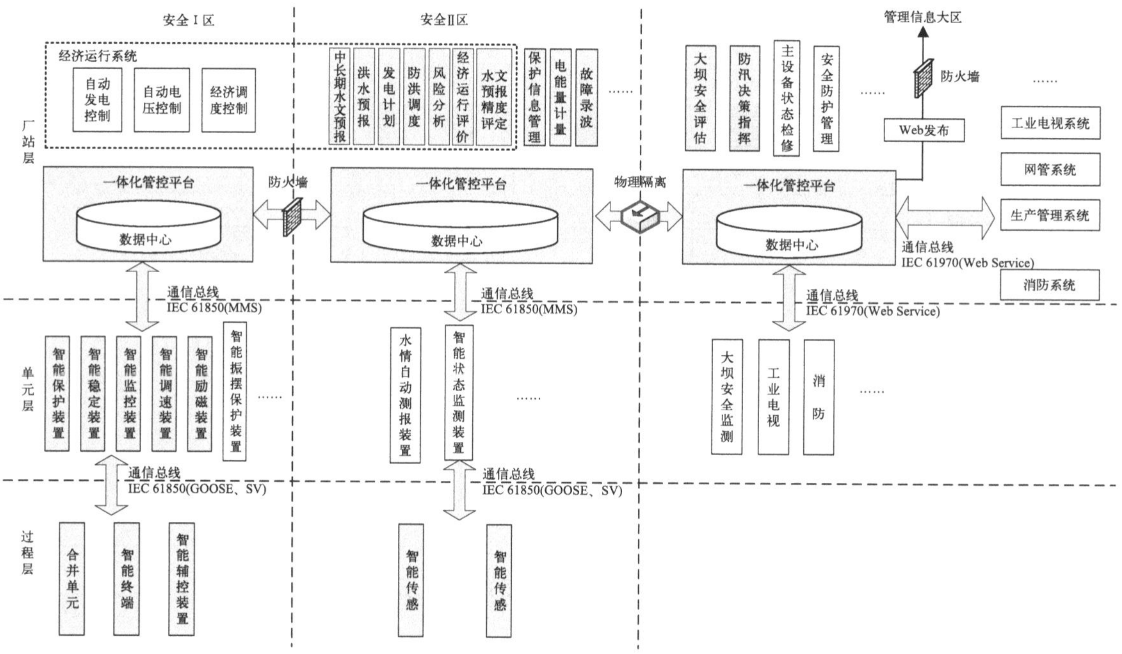

图 2-4　数字抽蓄分层分区示意图

1)过程层

过程层主要由合并单元、智能终端、智能辅控装置等智能设备与传感器组成，包括各种生产设备、机器人、传感器、仪表、智能电子装置等，用于完成电力生产过程数据采集与指令执行，包括实时运行电气量和非电气量的采集、设备运行状态的监测、控制指令的执行等。

2)单元层

单元层主要由智能保护装置、智能稳定装置、智能监控装置、智能调速装置、智能励磁装置、水情自动测报装置、智能状态监测装置等组成，通过通信网络和系统(IEC 61850:2025 SER)实现数据交互，用于收集和处理各单元设备的运行信息，为厂站层的管控平台提供数据支撑，涵盖设备运行状态监测、电气量及非电气量信息采集等功能。

3)厂站层

由各类计算机、网络硬件设备以及一体化管控平台、智能应用组件组成，可完成厂站级运行监视、预测预报、分析评估、成组发电控制、水资源优化调度等功能。一体化管控平台应采用面向服务的软件架构，具备数据中心、基础服务和基础应用功能，并提供智能应用组件管理功能。基础应用包括经济运行、调度管理、信息发布与综合管理等。水电厂可根据自身业务需求，在一体化管控平台之上部署各类智能应用组件。其中，水电厂自动发电控制(AGC)、自动电压控制(AVC)、经济调度控制(EDC)等智能应用组件部署在安全Ⅰ区；中长期水文预报、洪水预报、发电计划、防洪调度、风险分析、经济运行评价、水文预报精度评定、保护信息管理、电能量计量、故障录波等智能应用组件部署在安全Ⅱ区；大坝安全分析评估、防汛决策指挥、主设备状态检修、安全防护管理等智能应用组件部署在管理信息大区。除标准规定的各类智能应用组件以外，水电厂还可根据实际业务需求，研制并部署其他各类智能应用组件，并按照业务特点部署在相应的安全区内。

一体化管控平台按照同步策略完成跨区数据之间的同步。这种方式减少了传统多异构系统之间的通信转换环节，提高了数据传输的实时性，减少了系统建设和运行维护的工作量。典型的数字抽蓄电站二次系统结构如图 2-5 所示。

2.4.2　通信网络结构

在数字抽蓄的体系架构中，各类传统的二次设备应采用基于微处理器的技术，具备数据采集、处理、传输以及控制指令传输及执行功能的智能电子装置；传统的一次设备则应安装相应智能组件，具备测量数字化、控制网络化、功能一体化和信息互动化特征的智能设备。

由于智能设备及智能电子装置均具有网络通信能力，因此数字抽蓄分别在现地和厂站层构建过程层网络和厂站层网络，图 2-6 所示为数字抽蓄安全Ⅰ区的网络结构示意图。

合并单元、智能终端、辅控单元以及各类过程层设备接入过程层网络，各类智能电子装置同时接入过程层网络和厂站层网络，厂站层计算机设备则只接入厂站层网络。过程层网络采用 DL/T 860 标准的 GOOSE 报文规约和 SV 报文规约，厂站层网络则采用 DL/T 860 标准 MMS 协议。当智能调速装置、智能励磁装置部署在单元层时，需要同时接入过程层网络和厂站层网络；当智能调速装置、智能励磁装置部署在过程层时，只需要接入过程层网络即可。

一般而言，过程层网络由冗余的 GOOSE 网和冗余的 SV 网组成。GOOSE 网和 SV 网应该按照机组或间隔进行独立组网或采用 VLAN 技术实现隔离。此外，对于小型水电厂，也可以考虑将 GOOSE 网和 SV 网合并，实现信息共网传输。过程层合并单元对电压、电流进行实时采样，按照 SV 的报文规范传输至共享网络。单元层智能电子装置根据自身需要决定是否从共享网络上获取相应的实时采样值，智能保护装置等重要装置也可以采用“采直跳直”的点对点连接方式，将合并单元、智能终端和辅控单元通过 GOOSE 网、SV 网接口直接相连，以确保实时性和可靠性。

DL/T 860 标准主要用于分布式的智能设备或智能电子装置的互联，并不适合作为大系统互联的通信协议。因此，一体化管控平台与工业电视系统、网管系统以及消防系统等软件系统的通信宜遵循 IEC 61970:2024 SER 标准，并采用 Web 服务方式来实现系统之间的信息集成和服务集成。

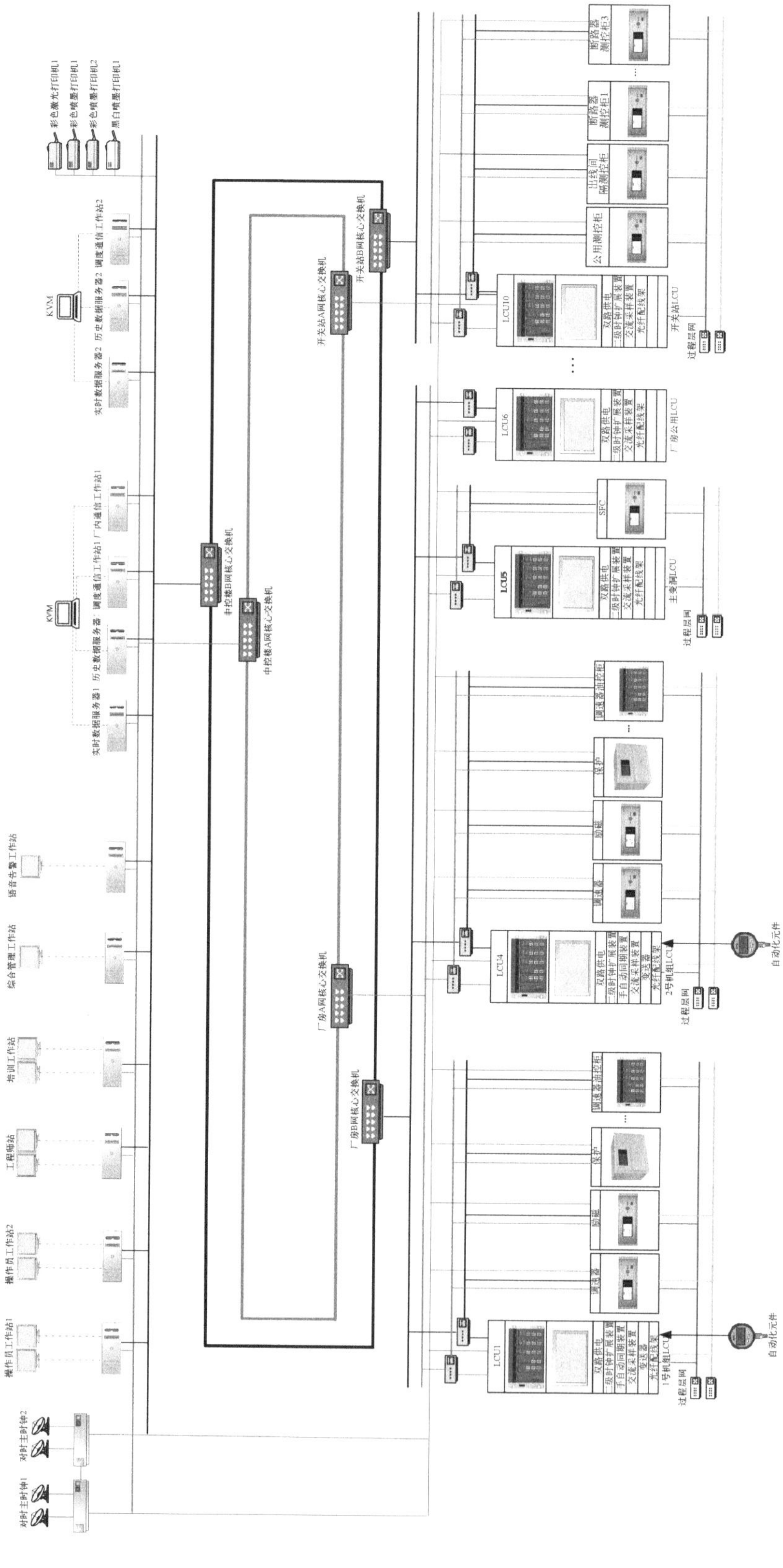

图 2-5　数字抽蓄电站二次系统结构图

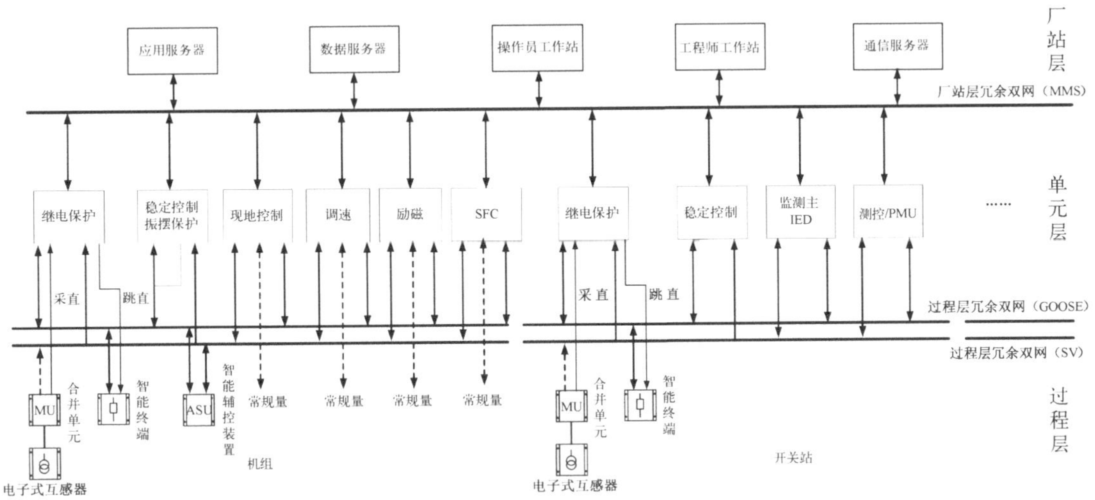

图 2-6　数字抽蓄安全 I 区网络结构示意图

2.4.3　系统架构优点

与传统抽水蓄能电厂相比，数字化抽蓄体系架构最主要的特征是网络化、扁平化和就地化，这使得电厂大量减少了信号线缆，消除了电磁干扰带来的安全影响，优化了信息传递路径和延时。其优点主要包括以下几点。

(1) 采用数字抽蓄统一建模，实现了参数统一管理，大幅提高业务系统交互及协同能力。依据 DL/T 860 和 IEC 61970:2025 SER 标准对抽蓄电站机电设备、水工设施及逻辑控制功能进行统一定义模型，有利于各专业系统的数据交互；智能设备和智能电子装置遵循 DL/T 860 标准进行统一的信息建模，可实现智能设备、智能电子装置之间网络方式的信息交互和互操作。

(2) 采用一体化管控平台消除了电厂的“信息孤岛”，避免了自动化系统及信息系统的重复投资。一体化管控平台具有良好的开放性，支持电厂日常运行管理的各种智能应用组件的扩展，一方面，为电厂各业务系统提供了交互协同的平台；另一方面，平台共用降低了各业务系统的初始投资，同时也节省了系统运维费用。

(3) 通信标准化、网络化，改善了电厂通信质量。网络化的通信模式不再依赖于传统的工控机、通信管理装置或通信模件，消除了以往集中式现地通信模式的传输瓶颈，减少了各类测控装置之间以及测控装置与监控系统主服务器通信的中间环节，提高了通信的可靠性，降低了通信的时延。此外，由于所有智能设备和智能电子装置均遵循 DL/T 860 标准，各个设备之间能够直接进行安全可靠的数据通信，从而可以避免大量通信程序的重复开发与调试，使系统设计与投运所需的时间得到显著缩短。

(4) 采用数字化、网络化的智能传感器和智能终端，一方面，省去了大量的硬件设备、电缆和电缆安装辅助设备，节省了大量的安装和调试费用；另一方面，相比于传统的模拟量采集或控制调节，显著提升了系统抗干扰能力，缩短了系统响应时间，改善了系统测量及控制精细程度。

第 3 章　现地数字化智能感知

3.1　概　　述

抽水蓄能行业不断地向前发展，“无人值班、少人值守”也成了抽水蓄能电站的必然需求，抽水蓄能电站的数字化、智能化建设是顺应技术发展的必然趋势，数字抽蓄的各环节要充分应用“大、云、物、移、智”等先进技术，实现各环节万物互联、人机交互等。其架构一般包含感知层、智能网络层、平台层(数据中心构成)、智能应用层(智能应用组件等构成)，其中感知层主要负责信息收集、处理并实现传输，必要时也需要在源端实现边缘计算功能。现地数字化智能感知以提升电站运行态势全息感知能力为主，逐步丰富电站“人、机、物、料、环”的信息采集系统，夯实电站数字化建设的源端数据基础，为后续运行操作、数据分析和业务应用提供全面、准确的数据信息，解决“人、机、物、料、环”感知不足，无法支撑安全管控、数据分析的问题。

随着电力系统的不断发展和数字抽蓄建设的推进，抽蓄电站生产过程中对数据采集方式、状态测量方式、精度、健康监测等提出了更高要求。实现生产过程的可视化、数字化是建设智慧电厂的基础，而数据的正确采集又是可视化、数字化的基础，只有数据得到正确采集，才能对数据进行运用。按照专业角度，抽蓄的感知层可分为发电设备监测感知、水情工情测报感知、大坝安全测报感知。

感知层可实现终端标准化统一接入，以及通信、计算等资源共享，在源端实现数据融通和边缘智能。因此，要建设智能电站，首先应实现设备和系统的智能化。每个智能设备及系统在过程层配置智能传感器、合并单元及智能终端，在单元层配置智能电子装置。智能电子装置具备对主设备的智能监测、分析诊断、数据边缘计算处理、智能控制等功能，就近提供边缘智能服务，使传统设备具有感知能力、执行能力和自我学习能力。电站中的各个子系统，包括监控系统、水工监测、水库调度、水情测报、在线监测、微机五防、工业电视、照明系统、消防系统、通风系统等要实现智能化，需科学规划生产现场联动模式和联动策略，动态更新系统运行参数和故障阈值，通过对电站大数据分析，实现对电站各系统设施的运维、安防状态监视，自动推送维保提示或故障预警。

3.2　视频感知设备及系统

数字抽蓄视频感知系统建设主要具有以下三个目的。

(1)用于增强传统的安防监视，主要包括周界防范、安全管控等功能，建立防止非法入侵和异常事件的第一道防线。

(2)用于人工巡检的工作替代，实现抽水蓄能电站重要部位、危险场所的跑冒滴漏情况、设备状态、设备温度等的视频巡检，减少巡检人员的工作量。

(3)用于构建视频系统联动应用，通过统一数据平台和各智能业务应用的建设，实现具体业务与视频监控系统的协同联动，共同提高抽水蓄能电站的安全管理水平，提高现场操作安全性，降低人员劳动强度。

按照应用类型，视频感知系统主要分为工程安防、劳动纪律监察、信息采集、设备监测等。工程安防主要包括越界、入侵识别、人员及车辆识别等，劳动纪律监察主要包括安全帽识别、工装识别、脱岗识别等，信息采集主要包括仪表识别、油水泄漏识别、水位识别等，设备监测方面当前的主要应用是设备热点部位温度监测。抽水蓄能电站的视频感知主要类型及用途如表 3-1 所示。

表 3-1　视频感知主要类型及用途

序号	设备名称/功能模块	用途
1	固定高清摄像头	用于监控水电厂的各个关键区域，如发电机组、变压器、电缆沟等，提供高清的实时画面，确保设备的运行状态一目了然
2	球形摄像头	具有全方位的监控能力，可以旋转和倾斜以覆盖更广泛的区域，适用于需要监控较大范围或需要灵活调整监控角度的场景
3	红外夜视摄像头	在光线不足或完全黑暗的环境下也能提供清晰的监控画面，确保满足水电厂在夜间或低光条件下的安全监控需求
4	热成像摄像头	监测集电环、碳刷、电缆接头、中性点 CT、隔音板等关键部位温度
5	双光谱测温球机	监测屏柜、关键设备及部位的运行情况及温度
6	仪表识别摄像头	监测各类仪表读数
7	周界防护双谱筒机	用于电厂及大坝上下游周界防范监测

3.2.1　系统结构

抽水蓄能电站视频监控系统由前端接入设备、传输网络、中心系统组成，通过在前端对“人、车、物、环”等数据的感知，为电站的安全生产、巡检替代提供感知系统支撑。视频监控系统结构如图 3-1 所示。

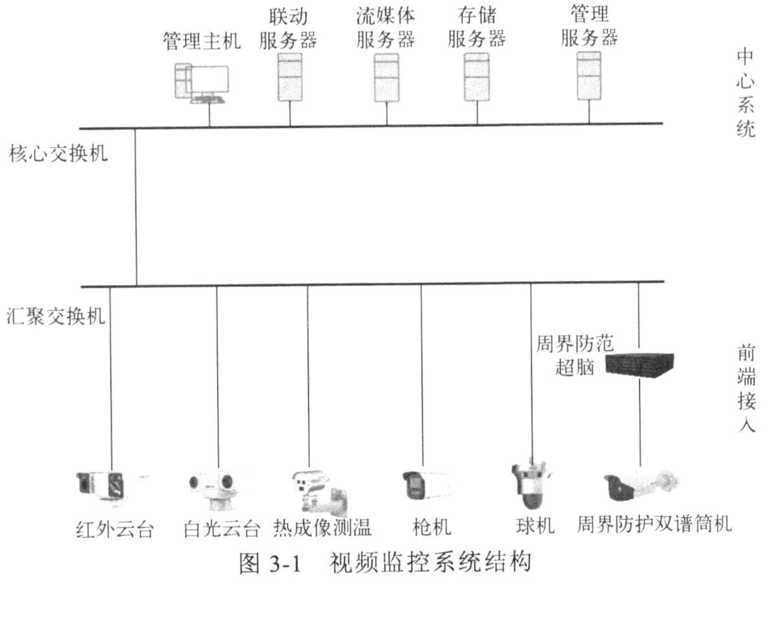

图 3-1　视频监控系统结构

1) 前端接入设备

前端接入设备对电站内的工业电视系统、视频周界系统、热成像测温系统、环境监测系统等进行了整合，主要负责对电厂“人、车、物、环”等信息进行采集、编码、存储及上传，通过前端节点和前端域的结构化分析，实现智能化应用和自动化联动。

2) 传输网络

采用工业交换机以确保大容量视频数据传输的可靠性和复杂环境下的使用，各区域工业交换机通过光纤接入集控中心的核心工业交换机。前端系统的视音频、环境量、报警等实时信息可上传至监控中心，分别供管理人员调用查看。

3) 中心系统

中心系统可管理电站内部的所有设备，通过对前端节点提取的结构化数据进行图像识别、温度分析等智能化处理，并把处理的结果与统一数据平台进行交互，或者提供业务应用所需的图像和视频，供部署在统一数据平台上的各智能业务应用调用。

3.2.2 系统功能

1. 实时监控

在监控中心可对现有网络的所属电厂实现远程实时图像监控、远程故障和意外情况告警接收处理。对前端视频数据和监控数据采集编码，并将编码后的数据通过 TCP/IP 网络传输到网络可以到达的客户端。网络客户端接收编码后的视音频数据和监控数据，并进行监控、存储、管理。通过网络的实时视音频浏览，可以实现在远程计算机上实时监控，也可实现远程通过硬件解码器在监视器、电视墙上观看实时视频。实时监控包括实时视频浏览、云台控制、参数调节、监控计划、实时录像、图片抓拍、多画面切换、轮巡切换、自动巡航。

2. 录像及回放

录像及回放可实现对图像的综合管理，包括计划存储、报警存储、即时存储，以及时间轴回放、搜索条件回放、录像下载等，一般支持多路同时播放、跨文件连续播放、色块标注录像等功能，也可称为监控中心。监控中心具体功能如下。

(1) 可显示、存储、检索、回放站内各监控点所选摄像头的实时图像。

(2) 可远程回放站内的任一摄像头的历史图像及报警录像；回放方式有逐帧、慢放、常速、快速、放大/缩小等。

(3) 可按时间、地点、告警事件等检索方式进行录像查询。

(4) 可远程控制硬盘录像机实现手动录像、定时录像、告警触发录像、画面异动检测录像。

(5) 能够将任意一幅实时图像或回放图像存放成 JPEG 或 BMP 格式的图像，并记下当时的时间和地点信息，供数据交换使用。

(6) 具有存盘信息备份功能(如输出到刻录光盘上)。

(7) 可远程设置电厂录像规则，实现电厂站端系统的手动录像、定时录像、告警触发录像、画面异动检测录像等。

(8) 具备集中存储功能，实现将严重告警时的视频和电网事故视频集中存储到平台中，采用以秒为单位的视频流方式存储策略。

(9) 同时显示、存储、检索、回放各电厂选摄像头的多个视频。

(10) 以人机界面方式统一管理本地和各电厂的历史视频和图片，按告警事件、时间段、摄像头、存储位置等组合条件检索；可从站端系统上传任意一段历史录像，删除本地和各电厂的历史视频。

(11) 远程回放电厂任一摄像头的历史视频(时间可选)、告警录像和本地录像；回放方式有逐帧、慢放、常速、快速、进度条拖放等，回放时支持画面放大/缩小、局部放大，以及画面亮度、对比度、饱和度、色调的调节。

(12) 具备回放视频单帧抓拍和连续抓拍能力，并可对图片进行标注，方便查找。

3. 周界防范

周界防范是抽水蓄能电站中最为基础的系统，是防止非法入侵和异常事件的第一道防线，也是非常重要的一道防线。视频周界防范建立在传统周界防范概念的基础上，通过应用智能视频分析技术，不但具备入侵报警作用，而且还能通过前端的视频监控设备实时了解监控区域的情况，一旦发生入侵行为，第一时间发出警示，并及时告知安保人员进行处理。

1) 周界超脑

基于深度学习的智能算法，可以对触发报警的区域进行人体目标二次识别，从而最大限度地降低周界防范的误报率，切实提升监控区域的安全防范能力。超脑可实现周界防范(越界侦测、区域入侵)报警抓图功能，可以对前端推送的报警图片进行人体目标二次识别，有效过滤绝大部分非人体触发的报警，提高周界防范报警的准确率，如图 3-2 所示。

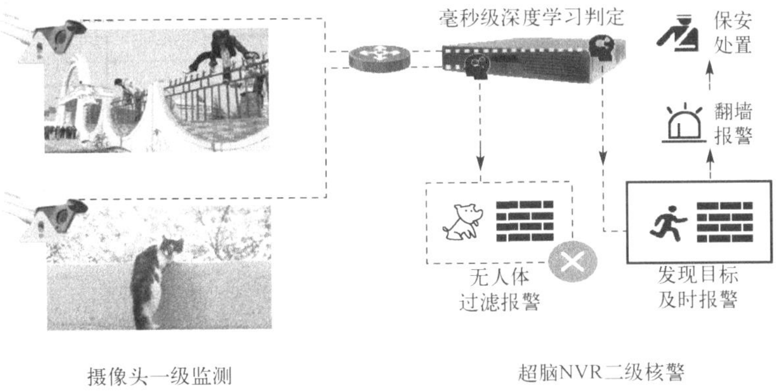

图 3-2　超脑深度学习示意图

2) 越界侦测

当目标越过用户设置的警戒面时，系统将对报警图片结合越界规则进行目标二次识别，如果由人体触发，系统会自动产生报警。针对历史报警信息，系统支持通过点位、时间段等进行报警信息的查看，以及前后数秒录像的关联、回放。

3) 热成像周界防范

不明物体或人员出现在视野中时，工作站可发出告警信号提醒安保人员注意。然而，现场经常会有雾气、大雨等恶劣天气，普通视频监控无法有效做出防范，因此可以考虑采用热成像周界防范。

4. 系统联动

视频监控系统及其辅控系统通过建立各子系统的数据交互，实现对多个子系统的无缝集成，基于内部通信与数据库共享机制，实现用户统一配置与管理，并统一分配全局权限，大大提高管理水平。平台接入的子系统包括智能工业电视子系统、智能视频周界系统、出入口管理系统、门禁系统等。视频监控系统通过 SDK 接口开发包，实现与统一数据平台的数据交互，并提供给计算机监控系统、消防系统、水淹厂房报警系统、门禁系统等基本应用和智能业务应用使用。系统可获取相关信号或事件，按照编制的联动关系，将第三方信号发生点的视频图像推送到指定客户端并报警，便于监控人员及时查看重要事件发生部位的视频图像信号。

1) 与电站计算机监控系统联动

视频监控系统增加协议转换模块，中间加装防火墙进行隔离，接收来自计算机监控系统的 IEC 61850 协议或 IEC 104 协议信号。系统接收到设备状态信号后，依据事先配置的预案计划，迅速将现场摄像头转向对应的设备，供值守人员进行确认，实现远程可视化管理，提升水电站智能化水平，如图 3-3 所示。

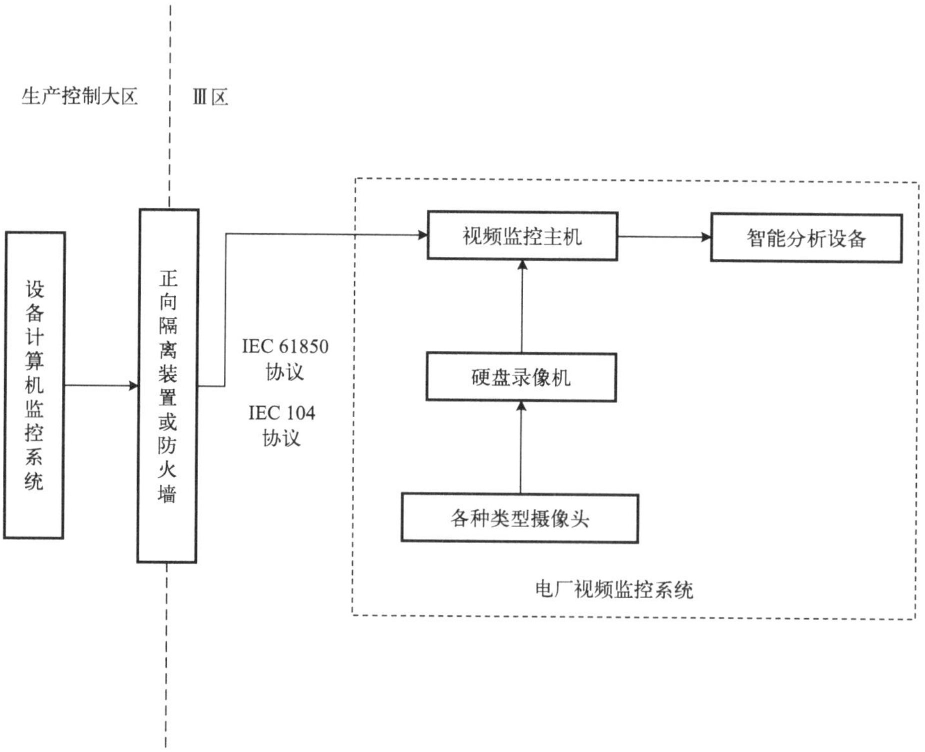

图 3-3　视频监控系统与计算机监控系统联动网络图

2) 与火灾自动报警系统（消防系统）联动

视频监控系统与火灾自动报警系统联动实现消防重点部位可视化监管。利用视频监控系统平台增加联动模块，同时在火灾报警主机侧加装联动设备用户信息传输装置，实现当感烟探测遇到浓烟时报警并联动摄像头，精确高效预警，让消防值班人员可以远程可视化确认消防预警，确认效率更高。

3) 与水淹厂房报警系统联动

通过系统接口开发，视频监控平台接收来自计算机监控系统的 IEC 104 协议信号，实现与水淹厂房报警系统的联动，视频监控系统接收到告警信号后，把视频图像推送到指定客户端并报警，便于监控人员及时查看。

4) 与门禁系统联动

通信采用网络协议或 RS485 协议、Modbus 协议，接收来自门禁系统的现地读卡信息或告警信号。视频监控系统接收到门禁系统相关信号后，能自动将附近摄像头转向刷卡区域，监视该区域的人员活动状况。

通过视频感知设备的接入，建立视频监控系统，系统管理人员能够实时了解系统中核心设备的运行状况，及时发现设备故障信息，提供对系统内设备的自动巡检功能，执行对前端视频图像的质量诊断，快速了解异常情况，及时排除设备故障，有效预防因图像质量问题带来的损失和影响，提高运维效率。

3.3　标 准 体 系

近年来，声纹监测识别的发展越来越迅速，越来越多的电站将声纹识别技术引入设备状态监控及健康状态评估等领域，以期提高安全指数和工作效率，为电站的设备安全运行提供新的管控手段和分析工具，逐步替代传统监测来完成复杂故障的诊断分析。抽蓄机组在实际运行时，其声音的特性是由机械、电磁、水力等因素共同耦合决定的，这些声音信号蕴含丰富的信息，是设备正常、异常或故障信息的载体，如果能够真实、充分地采集到足够数量且能够客观反映机组健康状态的声音信号，则对其进行特征提取，找到对应声纹，明确声纹物理意义，对于开展抽水蓄能机组状态监测和故障诊断具有重要指导价值。

3.3.1　系统结构和传感器布置

1. 系统结构

抽水蓄能机组声纹监测系统结构如图 3-4 所示。通过声音采集传感器采集机组等机电设备的运行声纹数据，结合既定的算法进行边缘计算处理，并发送至云端进行分析与存储，故障分析结果通过平台进行报警推送。

在发电机层、发电机机坑、风道、水车室、尾水进入门等机组部位安装声学传感器，基于 RTSP 音频流、通信网络，实现开放式数据采集与高速数据传输，并在设备端通过部署边缘计算程序，实现声纹监控边缘设备数据的初步清洗与加工。

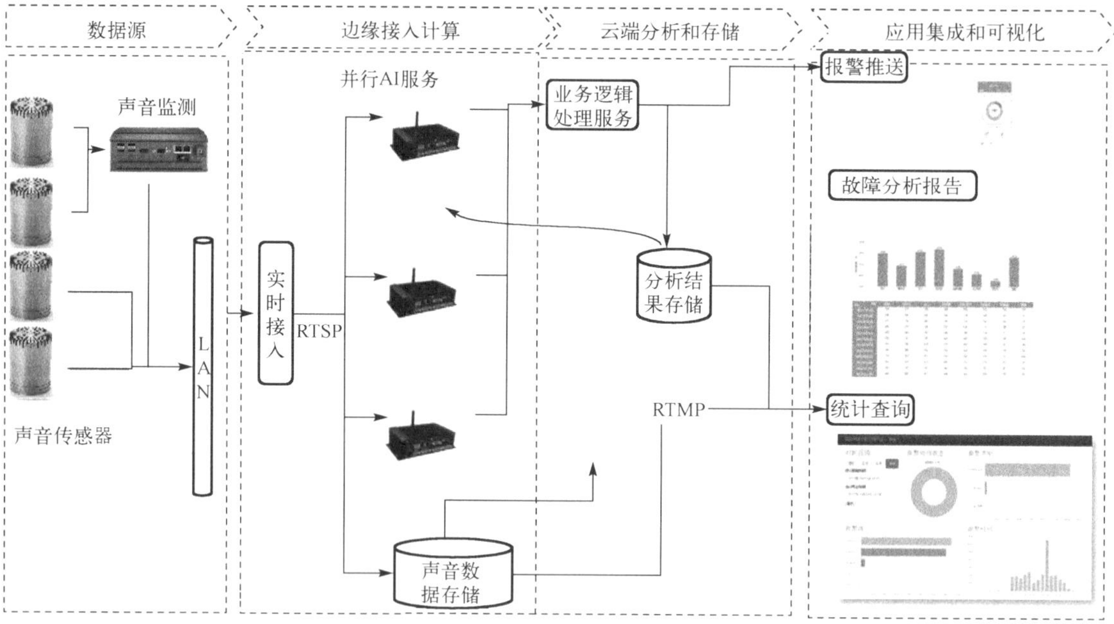

图 3-4　声纹监测系统结构

RTSP-real time streaming protocol（实时流传输协议）；RTMP-real time messaging protocol（实时消息传输协议）

2. 传感器布置

声学传感器一般布置在以下位置。

(1) 发电机层：上机架附近，采集环境和上导噪声。

(2) 发电机机坑：机坑边壁及机组内，采集机坑内电磁、匝间放电及其他噪声。

(3) 风道：风道内，采集声音。

(4) 水车室：水轮机机坑内地板附近，采集水导、密封、顶盖等运行时的噪声。

(5) 尾水进入门：尾水进入门附近，采集噪声。

3.3.2　系统功能

1. 边缘计算

在部分机组位置安装声学传感器，通过音频采集设备进入边缘计算系统后，首先进入预处理阶段。预处理包括端点检测和噪声消除等环节，其中端点检测环节对输入的音频流进行分析，自动删除音频中静音或非设备运行声音等无效部分，保留有效音频。经过预处理后的音频信号进入特征提取阶段，边缘计算程序从机组设备运转音频信号中提取出能够表征机组设备特定逻辑结构或运行规律的频谱特征参数。该特征参数对同一机组具体设备而言具有相对稳定性，不随时间或环境变化而变化，提取到的声纹特征参数将周期性地在本地存储，同时上传至云端分析平台。

2. 云端分析平台

通过建立声纹监测云端分析平台，实现声纹监测在线分析与深度学习，建立人机交互系统，实现可视化应用。

1) 声纹监测在线分析

根据电站运行工况的划分，合理选择运行工况特征参数，实现运行工况辨识，选取的参数应该是对机组状态特征有直接或间接影响的运行参数，包括机组功率特性、导叶、断路器、机端电压等。然后，利用选取出的运行工况特征参数建立工况特征集，以经验数据采用聚类算法进行工况识别。

通过声纹监测特征参数，结合机组故障模型，生成机组设备专有的声纹模型。存储在声纹模型数据库中，与设备一一对应。当需要进行声纹识别时，在线分析系统将采集到的音频信号进行预处理、特征提取后，得到待识别的特征参数，与声纹模型数据库中某一用户的模型或全部模型进行相似性匹配，得到特征模式之间的相似性距离度量，通过选取适当的距离度量作为门限值，得出识别结果并输出。

2) 声纹监测深度学习

通过深度学习，实现水电机组声音异常监测的模型构建和自适应学习，利用有限的正样本，对正常工作状态下的设备环境噪声特征的训练、学习，以及无监督的异常声音检测功能，当水电机组发生明显异常时(包括未见过的异常)，系统可以快速检测到声音信号的偏离，并进行预警。该算法可以不依赖大量的声音负样本，仅需少量的正样本即可完成快速部署。在完成系统部署的同时，系统也会不断存储、积累正负数据样本，以便于后期进行人工数据标定。

3) 人机交互系统

人机交互系统用于实现界面可视化展示功能，包括识别结果的展示、故障分析与报警、生产运行和振摆监测联合分析、运行工况联合分析等。

(1) 识别结果的展示。对识别出来的运行工况以及声纹监测数据与提取的特征参数进行可视化展示，以时间序列对运行工况展示当时状态下的测点数据及历史情况，借助于各种图形图表工具对各种声纹数据进行组态展示，实现对设备运行劣化的深入分析跟踪。

(2) 故障分析与报警。通过声纹分析平台对常见故障进行分析和诊断，给出故障原因、故障位置，并在故障发生时触发报警，为故障处理提出建议措施。在机组运行过程中，系统除了对有功、无功等测点进行阈值设置报警外，还会通过一定的告警规则进行计算后触发报警。故障报警主要基于故障树信息模型，展示机组设备局部故障情况。

(3) 生产运行和振摆监测联合分析。在计算完成的声纹监测性能指标的基础上，联合计算机监控系统的机组生产运行时域、在线监测系统中提取的振摆实时数据及特征指标，将数据点在一段时间内的数值以曲线图或散点图的形式展现在界面上，支持多时间段的比对。

(4) 运行工况联合分析。在计算完成的声纹监测性能指标的基础上，联合运行工况识别中提取的特征参数指标，将数据点在一段时间内的数值以曲线图或散点图的形式展现在界面上，支持工况类型、多时间段的比对。

3.4　人员定位设备及系统

作为“人、机、物、料、环”感知体系的重要组成部分，人员定位系统主要是基于Wi-Fi、RFID、ZigBee、北斗、UWB 等定位技术，通过人员定位管理及门禁系统对人、车、物进行定位、跟踪，全程监控人员车辆在重要区域内的活动轨迹，用于增强电厂的安全管控能力。人员定位装置的具体实现方面，可通过将定位电子标签嵌于安全帽、现场作业人员马甲内或人员工卡中，也可以是独立的定位卡片。人员定位信息主要用于实时掌握作业人员或其他工作人员的位置信息，可用于智能巡检、作业安全管控、应急处突、智慧班组、人员考勤等数字化应用。人员定位可结合三维画面实时显示，便于及时掌握人员、车辆的流动情况和当前区域内人员、车辆、设备的数量，建设主要目的是保障人员作业安全、提高电厂安全管控水平。

3.4.1　系统结构

针对抽水蓄能电站的特性，结合行业内应用现状，一般综合运用北斗和 UWB 定位技术方案来建设电站室内外全面定位系统。在信号隔离的同时实现高聚合集成，搭载多模融合的定位算法引擎，提供统一精准的位置数据输出，实现室内外全场景融合定位。在室外区域采用北斗定位技术，进入到室内自动切换成 UWB 定位技术，室内/室外定位无缝衔接，平滑过渡，从而实现电厂室外区域和厂房的作业人员、设备与车辆的高精度定位，为抽水蓄能电站降低系统的实施成本。人员定位系统结构如图 3-5 所示。

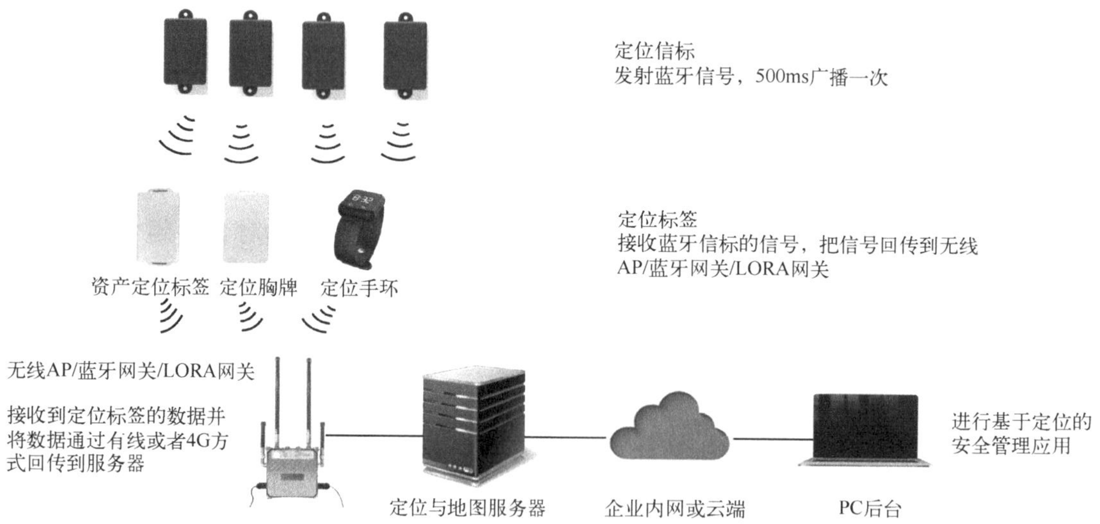

图 3-5　人员定位系统结构

其中，硬件包含室内基站、室外基站、防爆基站、Wi-Fi 融合基站，以及紧凑型标签、卡片式标签、资产型标签、安全帽标签、车载型标签、腕带标签、智能手环或多功能安全帽等。

在软件方面，定位信息基于统一数据平台进行采集和管理，并提供给各类数字化应用，例如，可将定位信息在水电站的电子地图或者数字孪生的三维应用中显示。

3.4.2　定位技术

1. Wi-Fi 定位技术

Wi-Fi(wireless fidelity)是一种无线通信技术，基于 IEEE 802.11 标准。目前，IEEE 802.11 标准中，IEEE 802.11a(5.8GHz 波段、54Mbit/s 带宽)、IEEE 802.11b(2.4GHz 波段、11Mbit/s 带宽)、IEEE 802.11g(2.4GHz 波段、54Mbit/s 带宽)、IEEE 802.11n(2.4GHz 波段、600Mbit/s 带宽)为使用最普遍的版本。IEEE 于 2009 年正式批准了结合物理层和 MAC 层的优化来充分提高 WLAN 技术的 802.11n 标准，802.11n 将多组独立的智能天线组成天线方阵，实现了波束的动态调整，使网络覆盖范围扩展至若干平方千米。802.11n 不仅具有良好的前后兼容性，其同样可以完成 WLAN 网络和无线广域网的结合。Wi-Fi 是一种价格低廉、组网灵活的技术，具有可移动性好、可靠性高、传输速率高、网络结构弹性化、建网快速便捷等特点。

具有 Wi-Fi 通信模块的手机、PAD 等手持移动终端和 Wi-Fi 基站即可组成 Wi-Fi 定位系统。基于 Wi-Fi 技术的人员定位系统由数据获取及传输和地面监控与管理等两个部分组成，Wi-Fi 技术可同时实现定位和网络通信。其定位流程如下：工作状态的 Wi-Fi 基站向所在空间发出信号，通过信号反馈侦听是否存在携带 Wi-Fi 模块的通信设备。移动终端接收附近基站发出的信号，通过比较接收到各基站信号的强弱，完成数据处理，并将结果传送至服务器。根据数据库中每个基站坐标的记录，进行适当的运算后，即可知道被定位端的具体位置。AP 信号对定位精度具有重要的影响，越多 AP 信号被接收，定位精度越高。基于 Wi-Fi 技术的人员定位系统不但满足了通信的需要，而且为安全生产的监控、调度以及应急救援创造了有利的条件。

2. RFID 定位技术

无线射频识别(radio frequency identification，RFID)技术出现于20世纪90年代。RFID 技术是条形码的无线版本，通过无线射频信号自动识别目标，以获取目标所携带的信息。RFID 具有防水、可同时识别数量多、适用温度范围广等优点，一套完整的 RFID 系统主要包括阅读器、电子标签、激励天线和应用软件。

(1) 阅读器。与电子标签进行无线通信，与上位机进行有线传输，阅读器是定位信息传递的中介设备。

(2) 电子标签。内置电路配有电池提供能量。标签在没有被激活的状态下，不会主动发射信号，而被激活后，将主动发射信号。

(3) 激励天线。激活电子标签，使其进入工作状态。

在基于 RFID 的人员定位管理系统中，阅读器和电子标签的位置信息是已知确定的，只有待定位的电子标签的具体位置信息是未知的。定位系统中，首先是待定位的电子标签被激励天线激活后，电子标签的信息发送到周围的阅读器，阅读器对接收到的信号强度和接收时间进行监测，并将结果作为度量指标写入实时数据库，然后运用一些定位算法将位置坐标计算并显示出来。

随身携带装有电子标签设备的人员进入到定位区域后，安装在该区域的阅读器自动识别标签编号，记录该标签的位置，度量各项指标和被识别的时间信息等，经处理的位置信息最终将显示在监控界面上。

3. ZigBee 定位技术

在 IEEE 802.15.4 标准的基础上，ZigBee 技术联盟对 ZigBee 协议的网络层、API 进行了不断的完善和标准化。ZigBee 协议在 802.15.4 标准的基础上扩展了网络层、应用层的功能框架，最主要的工作是对应用支持子层(application support sub-layer，APS)、ZigBee 设备对象(ZigBee device object，ZDO)、设备上自定义的功能组件进行优化和扩展。每个协调器节点设备可以连接 255 个普通节点设备，三个协调器节点就可以组成一个无线传感器网络。标准的 ZigBee 协议中定义了基于 ZigBee 协议的无线传感器网络的三种终端设备类型，包括协调器节点、路由器节点、终端设备节点。在每个 ZigBee 无线传感器网络中，至少需要一个协调器节点，用于实现无线传感器网络的初始组网，包括确定组网所需的射频信道、指定唯一的网络标识符、启动对周围节点的搜索机制等。路由器节点是远程节点间进行无线数据传输的中继器，能够拓展无线传感器网络的覆盖范围，其主要功能是搜寻网络内任意两个终端节点间的路径，是无线传感器网络实现动态路由的基础。终端设备节点是无线传感器网络的普通节点，主要负责传感器数据的采集和无线通信网络的建立。

ZigBee 协议的应用层由三个模块组成：APS 模块、ZDO 模块、制造商定义的应用对象模块。APS 模块的主要功能是实现节点间无线信号传输。ZDO 模块的作用是定义无线传感器网络中的重点设备角色，发现无线传感器网络中的终端节点，判定节点提供的服务，在此基础上确保无线传感器网络的通信安全。定位就是确定被定为终端的位置，其在实际应用场景中有两种意义：一是确定重点节点在系统中的相对位置；二是确定其他目标节点在系统中的位置。在实际应用中，绝大多数的定位系统需要设定若干参考点，根据参考点提供的测量位置信息或者角度信息，实现对目标节点的定位。无须测距的定位算法不需要测量节点间的相对距离，只需根据网络的连通特性进行计算，就可以确定网络中不同节点间的跳数，其根据已知位置的参考节点的坐标信息，估计网络中每一跳的相对距离，使用上述信息估计待定为节点的位置。一般而言，这种间接定位的方法精度比较低。

在生产实践中，一般采用基于测距的定位算法进行比较精确的定位，通过测量、估计节点间的相对距离，基于几何关系计算节点间的相对位置，实现对目标节点位置的确定。使用较多的测距定位算法包括 RSSI 算法、TOA 算法、TDOA 算法、AOA 算法等。

人员定位系统的硬件平台由无线定位骨干网络和根据需求部署的终端节点构成，根据各节点上报的数据，使用定位算法对每一个终端节点的位置进行实时计算和更新。该系统包括以下三个子系统。

(1) ZigBee 无线传感器网络。根据需求，部署 ZigBee 无线传感器模块，组成无线传感器网络，从而可以接收工作人员身上部署的终端节点的无线信号，计算无线信号的强度和质量，并将相关计算结果上报系统，形成对人员进行定位和跟踪的基础数据。

(2) 终端节点。在井下作业人员身上部署包含 ZigBee 无线传感器模块的定位终端设备，根据管理需求，可以在终端设备加装身份识别模块。

(3) 定位算法。按照一定规则部署的无线传感器网络可以实时接收附近终端节点的无线信号强度，并在初步计算后将相关数据上报至管理系统的服务器，系统在对数据进行处理后，使用定位算法对人员的位置信息进行实时计算并跟踪。

4. 北斗定位技术

卫星导航定位技术广泛应用在各个领域中，在我国还没有研制出北斗卫星导航系统时，应用在各个领域的卫星导航定位设备都采用美国的 GPS 系统，北斗卫星导航系统的独特之处在于它的双向通信功能，同时具有快速定位、短报文通信和精密授时三大基本特点。

北斗卫星导航定位系统是根据基于三维几何体的线面相交、面面相交的原理来确定位置信息的。在平面上，两条相交直线可以确定一个点，而在空间中，两个相交的曲面可以确定一条曲线，三个相交的曲面就可以确定一个点。如果已知空中三颗卫星的具体位置和卫星到地面上卫星信号接收装置的距离，那么卫星信号接收装置必定会在以定位卫星为球心，卫星到接收装置的距离为半径的三个球的交点上。

北斗移动定位终端是用来接收北斗卫星发射的信号进而确定用户位置的，它主要包括以下几个部分：天线、射频模块、基带模块、数字处理模块、定位解算模块，天线是基础，用来接收信号，天线接收的信号直接传给射频模块；射频模块的作用是完成信号的低噪声放大处理，使信号放大，之后做下变频处理，即进行混频来降低信号的载波频率，得到中频信号，完成这两步处理后将信号传送到基带模块；基带模块对信号进行处理和测量，这些处理和测量工作包括对中频信号的捕获、对捕获信号的跟踪、解调基带信号、译码等，处理后将译码数据组帧发送给数据处理模块；数据处理模块会从帧数据中提取数据信息(包括信号发送时间、接收时间、导航电文等)，提交到定位解算模块；定位解算模块经过解算提取出一系列相关数据信息。根据人员定位系统的需求，一般定位终端需考虑便携性、低功耗及稳定性。在数字抽蓄建设中，北斗定位系统一般用于户外定位。

5. UWB 定位技术

超宽带(ultra-wideband，UWB)是一种可以进行短距离无线通信的信号，与常规 4G 不同，UWB 不采用正弦载波，而是直接发射电磁脉冲，通过调节脉冲的幅度和位置，其数据可以利用纳秒级的非正弦波窄脉冲进行传输，因此其所占的频谱范围很宽。UWB 的频谱范围为 3.1～10.5GHz，这使得 UWB 信号的兼容性极强，可以与大部分 802.11a 标准的信号共存。UWB 能用于定位技术，最根本的原因在于其频域跨度大。频域扩展对应时域收缩，因此对于 UWB 信号，其脉冲宽度一般为 10～40ns，信号的占空比极低，在抽水蓄能电站厂房环境中可以不间断地进行信号传输。

在室内定位领域以及区域定位领域中，UWB 技术具备较多优点，使得其非常适合在这些工况下进行高精度定位，主要优点如下。

(1) 较强的抗干扰能力。超宽的频率覆盖范围，使得 UWB 技术拥有较强的抗干扰能力，即使在无线通信系统出现部分频率干扰的情况下，对 UWB 技术而言仍然存在大量的空频。

(2) 抗多径效果好。超宽带脉冲的发射时间间隔大多低于 1ns，因此接收端对多径传播不是太敏感。

(3) 传输容量大。从香农定理可以推出，在频谱越宽的情况下，信道传输数据的容量越大。

(4) 低功耗。UWB 发射功率较其他无线电技术而言要低得多，这就使得其功耗可以比其他技术小。

(5) 穿透力强。UWB 发射的低频脉冲具有较高的穿透力。

(6) 定位精度高。目前，UWB 测距精度最高可以达到 10cm 左右，定位精度为 30cm 左右。

UWB 定位技术主要分为两大类：基于信号飞行时间(time of flight，TOF)测距技术和基于接收信号强度指示(received signal strength indication，RSSI)测距技术。

1) 基于信号 TOF 测距技术

基于信号 TOF 测距技术是通过测量信号在两通信节点之间的飞行时间，然后乘以信号飞行速度(即光速)得出两节点间的距离信息。TOF 测距可根据两测距节点间的信号交流次数分为单程测距、双程测距、非对称双边双向测距、对称双边双向测距这几种形式。单程测距是指待测距的两节点之间通过一次单程信号发送，完成测距任务，本质上还是基于时间的测距。单程测距所得到的距离完全取决于待测距节点间信号的发送和接收时间，倘若这两个时间点存在任何时钟漂移或者参考时钟不一致的情况，则会直接导致产生测距误差，因此实际应用中几乎不使用单程测距技术。对比单程测距，双程测距增加了一次节点间的信号交流，即节点 1 在接收到节点 2 发送的数据包之后又回复节点 2 一个数据包，是一种有来有回的测距方法，即信号在节点之间刚好走完双程距离。双程测距在一定程度上能够减轻节点之间时钟未完全同步的影响，相比单程测距有更高的时钟精度，但是仍然无法完全抑制晶振频率漂移和节点间的时钟不同步引起的时钟偏差。非对称双边双向测距是一种通过两个收发器之间发送的带有精确时间戳的消息进行距离估计的方法。对称双边双向测距机制相比于双程测距需要多进行一次信号交流，节点 1 接收到节点 2 双程测距回复后，经过 T 时间延迟后又向节点 2 发起一次测距交流，至此整个对称双边双向测距才算结束，测量误差减小一半。

2) 基于 RSSI 测距技术

基于 RSSI 测距技术是通过检测接收到的超宽带脉冲信号强度的方式来进行测距。在基于该测距技术的系统中，待测距的两节点一个充当发送端，另一个充当接收端，发送端以固定能量的信号发射超宽带信号脉冲，接收节点通过测量接收信号的能量信息并结合发送能量信息，得到信号传播过程中的衰减情况，最后根据信号衰减情况与通信距离之间的关系推算出二者间的距离。通过基于 RSSI 测距技术测量得到的距离主要由衰减因数和信号发射功率决定。

3.4.3　系统功能

1) 实时监测功能

人员定位系统支持按部门、地域、时间、分站、人员等分类查询和显示等功能；系统能够实时监测指定区域总人数、各区域人数、各部门人员区域分布、某些特殊工种或特殊人员进入情况和所处位置，可对特定的人员进行实时跟踪显示。

2) 查询功能

系统可查询任一指定洞室群人员在当前或指定时刻所处的区域以及当天或指定日期的活动踪迹；选定某一区域可以获得当前该区域的人员信息；选定某一分站、接收探头，可以获得经过该分站、探头的所有人员信息及人员经过时间。

3) 安全保障功能

超时报警功能：人员在洞室群时间超过规定的时间，自动报警提示并提供相关人员的名单等信息；区域超员报警功能：特定危险区域超过安全规定人数时，自动报警，可有效地阻止其他人员继续进入；数据监测站、读卡器、标示卡等设备故障报警功能。

4) 统计考勤功能

对洞室群人员进行实时的动态显示功能，对他们的进入和离开时间、在洞室群各区域的停留工作时间等进行记录与统计并动态显示，提供作业人员管理的基础信息。系统显示人员确切的进入和离开时间，统计其在洞室群的持续时间，并根据工种(规定足班时间)，自动判断不同类别的人员是否足班。

日报表统计每天人员的进入时间、离开时间、持续时间，注明班次；月报表中对每个月人员的进入时间、进入次数(有效次数)、工作班次数等进行分类，便于统计考核；可单独统计考核某些特殊工种、职务人员的情况。

5) 数据查询功能

系统能对各种记录和数据信息进行长期保存，可方便地查询历史记录，并能对各类实时信息和历史信息进行有效的统计和分析。

6) 双向信号呼叫功能

携带编码发射器的人员遇到紧急情况可向地面监测中心发送紧急呼叫；洞室群发生险情时，定位软件模块也可向某区域或所有区域发送报警撤退信号。

7) 系统运行状态提示功能

当系统监测分站出现故障时，系统提示告警；当无线接收器出现故障时，系统提示某分站某接收器无信号；当无线编码发射器需要更换电池时，系统提前提示该发射器缺电；当洞室群交流供电中断时，系统提示直流供电报警。

8）其他功能要求

在带标示卡的人员和车辆进入监测区域后，系统自动完成人员和车辆定位、实时跟踪监测，并且可以实现图形化（人员和车辆的图形要进行区分）、动态化的查询；展示携卡人员个人的基本信息和携卡车辆的基本信息及分布，主要包括卡号、姓名、身份证号、出生年月、职务、工种、所在部门或单位等；展示携卡人员（车辆）出入的洞室总数、个人（车辆）进入的工作时间及出入洞室的时刻信息；展示携卡工种异常人员（车辆）的基本信息及分布并报警；展示携卡人员（车辆）的活动线路信息；展示携卡人员（车辆）的统计信息，主要包括工作地点、月进入次数、时间等；可按部门、区域、时间、标示卡、人员等分类信息进行查询；具备各种信息存储、显示、统计、声光报警、打印等功能；标示卡可发送求救信息，并做实时记录，防止误操作，中心站进行报警提示，显示求救时间、地点等信息，便于搜救人员对洞室群人员进行精确搜寻。

9）系统联动功能

定位软件模块可以和其他的业务系统进行联动，如与巡检系统、视频系统、现场作业管控系统、安防系统、门禁系统、应急广播系统、智能仓储和工器具系统等业务系统的联动应用，并且基于统一数据平台可提供第三方业务接口，以供系统后续拓展业务。

3.5　光纤光栅测温设备及系统

抽水蓄能电站发电机组运行中的温度、油压、油位、振动的测值是机组重要设备监控的重要数据，而机组定子、转子、轴瓦的在线监测更是其状态监视中的重中之重。其监测数据的可靠性和准确性，对保障机组的安全稳定运行具有十分重要的意义。研究发现导致机组故障的两大最主要原因是电气故障和轴承故障。推力轴承最严重的故障就是烧瓦，烧瓦最明显的征兆就是瓦温升高、油膜厚度减小，因此一般通过测量轴瓦温度等的方法来监测机组轴瓦部分的运行状态。轴瓦状态监测也是机组运行的重要监测项目之一。作为新一代传感技术的光纤传感技术，由于以光信号的形式进入现场探测，可实现现场非电测量，这就从本质上解决了传统的电类传感器难以涉足的易燃易爆、强电磁场场所的安全测量问题。因此，光纤传感可以方便、精确和有效地对各种环境，尤其是各种恶劣环境中的物理量、化学量和生物量进行检测，同时光纤传感器测量精度高、响应速度快，能高速测量轴瓦状态变化。

3.5.1　系统结构

抽水蓄能机组光纤光栅测温系统组成包括光纤光栅测温传感器、信号传输光缆、光纤光栅解调装置及其他供电、网络通信等必要的辅助设备。光纤光栅测温传感器可采用串接或者并接方式组成准分布式测量网络，通过多芯信号传输光缆将信号传输至解调装置集中进行信号处理。光纤光栅测温系统可采用双机双网冗余配置。测温系统典型结构见图 3-6。

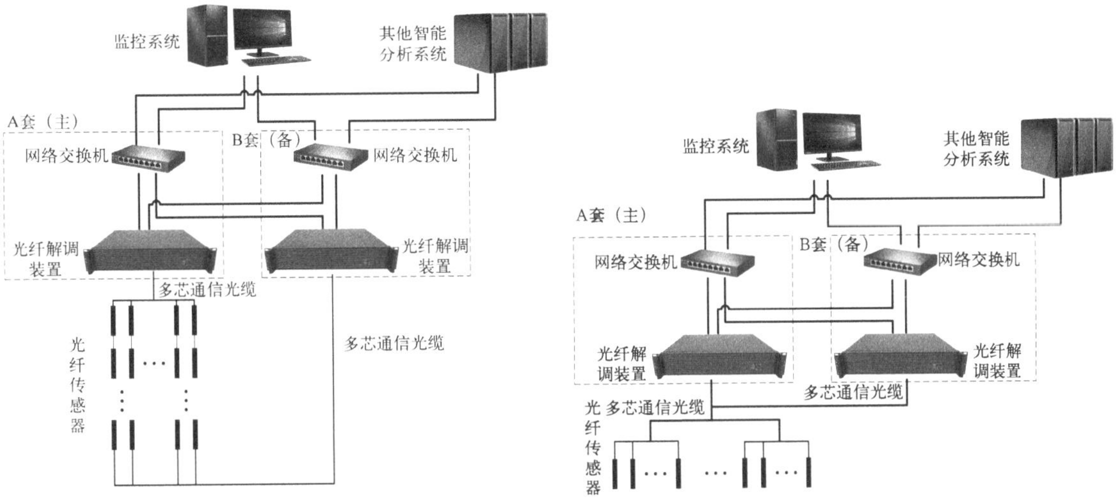

(a) 串接方式　　(b) 并接方式

图 3-6　机组光纤光栅测温系统典型结构图

3.5.2　技术原理及特点

1. 光纤光栅传感器测量原理

光纤布拉格光栅(fiber Bragg grating，FBG)的原理是光纤芯区折射率周期变化造成光纤波导条件的改变，导致一定波长的光波发生相应的模式耦合，使得其透射光谱和反射光谱对该波长出现奇异性。

基于光纤光栅传感器的传感过程是通过外界参量对布拉格中心波长的调制来获取传感信息，这是一种波长调制型光纤传感器。布拉格光栅传感器的传感原理是，根据光纤耦合模理论，宽带光入射至光纤，将产生模式耦合，当满足布拉格条件时，光栅将起到一个反射镜的作用，反射回一个窄带光波(其余光波从光栅的另一端透射出去)，如图 3-7 所示，该窄带光波的中心波长即为光栅布拉格波长，即

$$\lambda_B = 2n_{eff}\Lambda \tag{3-1}$$

当光栅受到外界温度、应变等作用时，符合布拉格条件的反射波长发生位移。对式 (3-1) 进行微分，可得

$$\Delta\lambda_B = 2\Delta n_{eff}\Lambda + 2n_{eff}\Delta\Lambda \tag{3-2}$$

式 (3-2) 即为光栅传感检测的机理，通过检测满足布拉格条件的反射波中心波长发生位移，可以检测作用在光纤上的温度、应变等外界被测信号。

2. 光纤光栅传感监测系统的特点

光纤光栅传感监测系统由光纤光栅传感器、传输光纤和光纤光栅解调仪三大部分组成，其主要特点如下。

(1) 长期稳定性好，抗干扰能力强：传感器为波长测量型传感器，测量信号不受光源

起伏、光纤弯曲损耗、连接损耗和探测器老化等因素的影响，具有很好的长期使用稳定性和抗干扰能力。

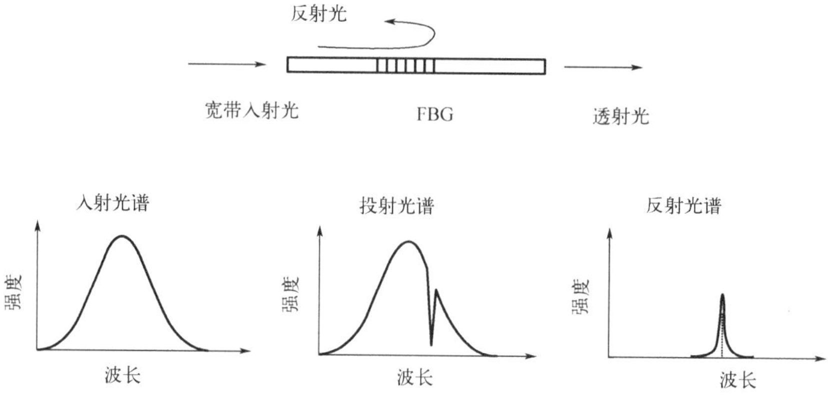

图 3-7　光纤光栅传感原理图

(2)准分布式测量：能方便地使用波分复用技术在一根光纤中串接多个光纤光栅进行准分布式测量，线路少从而节省电缆。

(3)绝缘性能好：传感器本身不带电，本质防爆，适用于易燃、易爆等危险物品的检测；对电绝缘，适用于高电压场合的检测。

(4)抗电磁干扰，耐腐蚀：光纤传感器具有天然的抗电磁干扰的优点，同时具有非传导性，对被测介质影响小，又具有抗腐蚀、抗雷击的特点，适合在高磁场等恶劣环境中工作，无须屏蔽及接地。

(5)传感器与光纤之间存在着天然的兼容性，易与光纤连接，损耗低，光谱特性好，可靠性高。

(6)灵敏度高，分辨力高。

(7)传感信号可远距离传输，便于实现实时、在线测量。

(8)全光网络，中间环节少，无中间变送器，整套系统只需将传感器光缆接入解调仪即可，只有光纤光栅解调仪需要供电。

光纤光栅测温传感器具有天然的抗电磁干扰和绝缘的特点，线路少，系统简单，而且是全光网络，与其他电子类传感器相比，其用于定子温度监测时具有无可比拟的优点。

3.5.3　系统功能

1. 传感器

1)定子绕组光纤光栅测温传感器

定子绕组光纤光栅测温传感器先封装于层间垫条内，将传感器和外壳用 F 级环氧树脂胶粘在一起并加温烘干，间隙用 F 级环氧树脂填充。外壳去除尖角毛刺，表面涂漆，保证漆膜连续均匀，无漏点和缺陷，其采用 F 级绝缘材料。工件完成后在盖板或引线上按图号打标记，并采取适当措施防止标记脱落与损坏。根据设计，传感器分别安装于不同垫条的上、中、下部，再将垫条放置于定子上下层线棒之间，安装完毕后将内部光纤引线绑牢在线棒上，并注意内部光纤只能与线棒具有槽内防晕部位层的表面接触。

2) 定子铁心光纤光栅测温传感器

定子铁心光纤光栅测温传感器安装在由特殊片叠加而成的槽内，先用浸胶的涤纶毡将温度计包好，粘好后再小心送入安装槽内。应保证光纤温度计与铁心粘牢，不易脱落。

3) 定子压指光纤光栅测温传感器

定子压指光纤光栅测温传感器安装于定子铁心上、下压指上，先用浸胶的涤纶毡将温度计包好，粘好后再小心送入安装槽内。

4) 汇流铜环光纤光栅测温传感器

汇流铜环光纤光栅测温传感器放在铜排表面，安装时需先将温度计固定，再按相关绝缘规范对传感器进行绝缘处理。每条支路的主引线处的汇流铜环安装一根光纤传感器。

5) 轴瓦光纤光栅测温传感器

轴瓦光纤光栅测温传感器安装于上、下导轴承的安装孔内，通过螺纹连接紧固，传感器本体及线缆材料应能耐油腐蚀，并在油流冲击下保证光纤的安全可靠。

轴瓦光纤光栅测温传感器引线通过油槽出线装置从油槽内引出，暂定引至导油槽外壁处，接入光纤熔接盒，再从光纤熔接盒引出至光纤终端盒，并沿桥架敷设至配线柜。

2. 自动化系统设计

1) 定子光纤光栅测温系统

在机坑壁(或定子机座)上安装光缆接续保护盒，传感器光缆通过电缆桥架引入光缆接续保护盒，传感器光缆于接续保护盒内熔接后串接成传感器阵列。每台机组传感器根据就近原则分组，在机坑壁安装光缆接续保护盒，每个保护盒最终出线两根，出线采用铠装光缆并穿管保护，所有光缆延伸至机坑出口后与一根多芯光缆熔接，多芯光缆沿外部电缆桥架引至机柜，接入光纤光栅解调仪。

光纤光栅解调仪具备温度保护组态及告警输出功能(任意传感器测量温度越高限，且持续满足延时条件时，系统发出告警信号；任意传感器测量温度越高高限，且持续满足延时条件时，系统也将发出告警信号)，可进行历史数据存储。

2) 轴瓦光纤光栅测温系统

轴瓦光纤测点的引线采用就近接入光纤熔接盒的原则，各部轴承油槽测点引线可随轴瓦光纤光栅测温传感器一起引出油槽，并接入各部轴承相应的光纤熔接盒；每个空冷器进、出风温和支路进、出水温的测点引线可接入空冷器附近的光纤熔接盒(每个空冷器设一个)；集电环罩内测点引线可接入上导光纤熔接盒；各部轴承进出水测点以及冷却水进出水测点可根据实际安装位置，最终引入光纤光栅测温屏柜即可。

3) 光纤光栅测温屏柜

光纤光栅测温系统包括光纤光栅测温传感器、光纤熔接盒、光纤光栅测温屏柜(内含光纤光栅解调仪)以及相关的连接配件等，系统网络结构如图 3-8 所示。所有光纤光栅测温传感器接入光纤熔接盒后，每个光纤熔接盒只引出两根光纤引线，所有的光纤引线汇聚至机坑引出位置后统一引出到机坑外的光纤光栅测温屏柜，接入光纤光栅解调仪中。光纤光栅解调仪采集的温度量通过网口或串口通信送至监控系统。

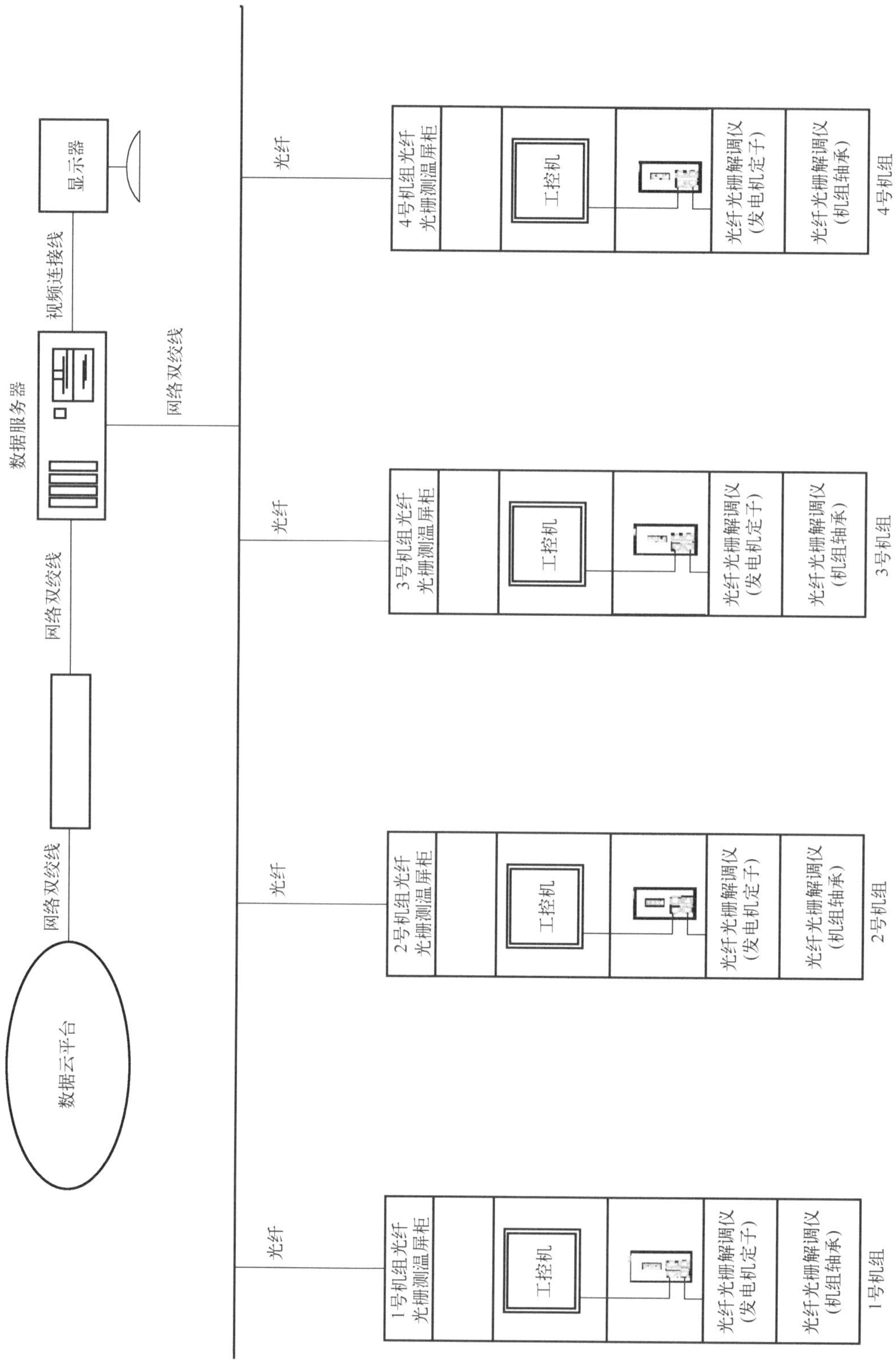
数据云平台
网络双绞线
网络双绞线
数据服务器
视频连接线
显示器
网络双绞线
光纤
1号机组光纤光栅测温屏柜
工控机
光纤光栅解调仪（发电机定子）
光纤光栅解调仪（机组轴承）
1号机组
光纤
2号机组光纤光栅测温屏柜
工控机
光纤光栅解调仪（发电机定子）
光纤光栅解调仪（机组轴承）
2号机组
光纤
3号机组光纤光栅测温屏柜
工控机
光纤光栅解调仪（发电机定子）
光纤光栅解调仪（机组轴承）
3号机组
光纤
4号机组光纤光栅测温屏柜
工控机
光纤光栅解调仪（发电机定子）
光纤光栅解调仪（机组轴承）
4号机组

图 3-8　系统网络结构图

光纤光栅测温屏柜为光纤光栅测温系统的现地显示屏柜，内部主要安装交直流双供电插箱、开关电源、光纤光栅解调仪、现地平板工控机、光纤配线架等设备，能够显示每个区域的温度情况、实时曲线、历史曲线及所在测温点区域的信息，方便查询任意时段的历史数据，并具备温度保护组态及告警输出功能。

3.6　MEMS 传感器

微机电系统(micro-electro-mechanical system，MEMS)传感器采用 MEMS 制造技术(微电子制造技术和微机械加工制造技术)，其材料、工作原理、制作工艺等方面与传统传感器有相当大的区别。MEMS 传感器是基于其敏感材料的特殊效应工作的，它的制作工艺结合集成电路微电子制造工艺和 MEMS 微机械加工制造工艺来实现，通过对材料的微机械加工，制造出可感受压力、温度、磁场、加速度等各种参数的稳定结构器件(如梁、膜、叉指等单一或复合的结构)，从而实现对各种相关参数的感知、测试和转换。例如，基于半导体硅材料压阻效应的压力传感器、基于石英材料压电效应的微加速度传感器、基于磁致伸缩材料伸缩效应的微位移传感器等。

传感器未来的发展方向主要是半导体化、小型化、高精度化、集成化和智能化，这些发展方向共同推动了 MEMS 传感器的出现。MEMS 作为一种高新的交叉技术，指的是以微细加工技术为基础，将微传感器、微执行器、信号处理、控制电路以及通信和电源等组合在一起的微型器件、装置或系统。相比于传统传感器，MEMS 传感器拥有独特的优势，这些优势是由微机电系统本质上的三个特点(小型化、微电子集成以及高精度的并行制造)带来的。

MEMS 传感器(裸芯)的尺寸一般为 1μm～1cm。尺寸小意味着传感器可以很容易实现微小型化，同时也给传感器本身带来了谐振频率高、热惯性低、灵敏度高等优点。由于 MEMS 传感器通常由半导体材料制造，因此通过适当的工艺，可以把 MEMS 传感器和微执行器、微电路等集成到同一片衬底上。这样，整个系统可以存在于一块芯片内，微机械加工技术能够更容易制造出很多高精度的微结构，如悬臂梁、探针、高深宽比的沟槽等，而且因为同一片半导体圆片可以制造出很多块芯片，所以 MEMS 传感器的成本低，一致性和可重复性也较好。

目前数字抽蓄中常用的 MEMS 传感器有加速度传感器和压力传感器。

1. MEMS 加速度传感器

MEMS 加速度传感器在 MEMS 传感器商业化的所有阶段都存在，1979 年，斯坦福大学设计了第一台微机械加速度传感器，近年来，随着用户需要更小的软件包、更低的功耗和传感器在性能、集成度、智能化等维度的提升，MEMS 加速度传感器不断发展，应用范围逐渐扩大。

MEMS 加速度传感器的应用优势主要体现在以下几个方面。①传感器体积小，测量精度高。ADI 公司成功研制的微型双轴加速度芯片只有 5mm×5mm×1.45mm，质量小于 1g；②集成度高，可量产。利用 MEMS 加工工艺，能够实现多个不同功能和不同敏感方向的传感器集成，形成微传感器阵列或微系统。与微电子芯片类似，MEMS 器件可量产，生产成本低，更容易实现 MEMS 产品的产业化。在抽水蓄能电站内，加速度传感器主要用于测斜仪及振动传感器。

MEMS 测斜仪的原理基于重力感应和加速度测量。MEMS 测斜仪的核心部件是 MEMS 加速度芯片，其内部包含微小的弹簧质量体和感应电容器。当物体发生加速度或倾斜时，弹簧质量体受到力的作用会发生位移，从而改变感应电容器的电容量。加速度传感器感应到重力加速度时，会将其转化为电信号。这个电信号经过放大和滤波后，传递给微处理器进行数字化处理。微处理器通过内置的算法计算出物体的倾斜角度，并将结果显示在测斜仪的屏幕上。MEMS 测斜仪能够同时测量两个方向上的倾斜变化，通过计算得出该点的倾斜方向与倾斜角度。这种测斜仪可直接挂接总线系统进行自动化数据采集，适用于需要高精度测量的小范围应用。在实际应用中，测斜管通常安装在穿过不稳定土层至下部稳定地层的垂直测斜孔内。测斜仪通过测量测斜管内不同深度的倾斜角度变化量，从测斜管底部开始逐米累加，可以得出不同深度的水平位移数据。

振动加速度测量广泛用于机组、闸门等位置的振动监测，主要应用于加速度芯片或电容式芯片。压电式微加速度传感器的基本原理是利用石英或陶瓷晶体等压电晶体的压电效应产生与施加的加速度成比例的电信号，压电式微加速度传感器结构简单，取材也很方便，安装便捷，并且使用寿命长，但由其工作原理可知，压电式微加速度传感器结构的谐振频率高，容易受声音的干扰，阻抗高，信号弱，对外接检测电路的设计要求高。电容式 MEMS 加速度传感器由于检测精度高、加工技术成熟且环境适应性强，是目前最为成熟、应用最为广泛的 MEMS 加速度传感器。随着 MEMS 加工工艺的不断提升和完善，以及 ASIC 输出电路检测能力的提高，电容式 MEMS 加速度传感器的精度也在不断提升。电容式 MEMS 加速度传感器通过电容变化间接检测加速度，对敏感质量块输入外部加速度，使敏感质量块产生位移，敏感质量块的位移变化会使电容极板间的距离或者两电极的正对面积发生改变，从而使输出电容值发生改变，再通过外接检测电路将电容信号转化为电压信号，即可通过转化获得加速度值。目前，三轴电容式 MEMS 加速度传感器应用最为广泛，其集成方式主要分为以下三种：单质量块、双质量块、三质量块。单质量块，即在同一敏感质量块上刻蚀 X、Y 及 Z 轴三个检测轴向的结构；双质量块，即在两个敏感质量块分别刻蚀用于检测两个轴向加速度的结构和用于检测一个轴向加速度的结构；三质量块，即 X、Y 及 Z 轴三个检测轴向的结构正交排布在三个敏感质量块，分别进行检测，以实现三个轴向加速度的检测。

2. MEMS 压力传感器

MEMS 压力传感器的种类众多，主要应用于水压、水位监测，按照传感器的信号检测方式划分，MEMS 压力传感器可以分为压阻式、电容式和谐振式三类。压阻式硅压力传感器是应用最广的 MEMS 压力传感器，其基本原理是利用压敏电阻阻值随压力变化而变化的特性，通过扩散或注入的途径把压敏电阻注入感压薄膜中，实现压力信号与电信号的相互转换，通过测量电阻值的变化间接测量外界压力。压阻式 MEMS 压力传感器制作工艺较为简单，生产成本低，是市场上最常见到的 MEMS 压力传感器。该传感器的优点是信号输出大，灵敏度高，且输入输出之间基本成线性关系。由于压敏电阻本身具有的温度敏感性，压阻式 MEMS 压力传感器存在着先天的缺陷，即其受温度影响很大。要想达到很高的测量精度，必须对传感器进行温度补偿，这就给加工工艺以及后期处理电路增加了难度。

电容式 MEMS 压力传感器则是通过电容的变化来测量压力。当外界压力作用在感压元件上时，感压元件的机械形变导致传感器电容改变，通过测量电容可以间接测量外界压力的大小。平行板电容器的电容由平行板的间距以及板间有效面积决定，因此电容式压力传感器也分为变极距和变面积两种。变极距型的电容式压力传感器结构较为简单，通常电极一端位于感压薄膜上，另一端固定，当外界压力改变时，电容间距发生变化，电容也就随之变化。而变面积型的电容式压力传感器结构较为复杂，常见的为插指状结构的电容，外界压力变化带动结构发生位移，使电容极板间的有效面积改变，从而改变电容大小。电容式 MEMS 压力传感器灵敏度高、功耗低，且不易受温度变化影响。其中，变极距型的结构相对简单，易于微型化，但其固有的非线性特征使得其线性很差；变面积型线性程度好，但一般结构较为复杂，加工的难度也较大。另外，由于电容变化的信号通常很微弱，容易受到引线寄生电容的影响，电容式 MEMS 压力传感器对信号检测的要求很高。

谐振式 MEMS 压力传感器利用外界压力变化导致谐振子谐振频率变化的原理，通过测量频率来间接测量压力。物体在做自由振动时，振动频率只与物体的一些固有属性相关，如形状、质量、材料属性等，与振动的初始状态无关，这个自由振动的频率称为固有频率。当物体处于受迫振动时，若施加的激励频率达到了物体的固有频率，就会发生共振现象，这时振幅最大，这一现象称为谐振现象，谐振式压力传感器中用于感受激励并且发生谐振的部分称为谐振子。当外界压力变化时，谐振子发生形变或者受到应力发生变化，其固有频率也就因此改变，所以测量谐振频率的变化就可以得到被测压力。谐振式 MEMS 压力传感器输出的信号为频率信号，很容易和后期数字电路相接，与电阻、电容等模拟信号相比，频率信号的抗干扰性要更好。谐振式压力传感器工作在闭环状态中，传感器的性能基本上由敏感结构的力学性能决定，受电路参数的影响很小，不易受外界噪声的干扰。相比于压阻式和电容式压力传感器，谐振式压力传感器在分辨率、精度、稳定性甚至灵敏度等方面都有着先天的优势。谐振式压力传感器的缺点则体现在加工难度上，要保证传感器的性能，谐振子等敏感结构必须有很高的品质因数，这就给传感器的加工和封装提出了高要求。另外，谐振式压力传感器的闭环工作模式也给后端检测电路的设计增加了难度。因此，谐振式压力传感器常常被用在过程控制等需要精密测量压力的场景。

第 4 章　现地智能电子装置

4.1　概　　述

现地智能电子装置(IED)是指一种基于微处理器技术，具备数据采集、处理、传输以及控制指令传输与执行功能的电子装置。通常而言，智能电子装置支持 DL/T 860 标准，并具备自诊断、自恢复、远程运维等高级功能。

现地智能电子装置逻辑上分布在过程层和单元层，物理上主要分布在发电机层、保护室、公用系统室等地方。过程层智能电子装置实现信号就地采集和光纤数字化传输，包括合并单元和智能终端。其中，合并单元用以对来自二次转换器的电流和/或电压数据进行时间相关组合。智能终端与过程层设备采用电缆连接，与智能主控装置、智能调速器、智能保护装置等过程层设备采用光纤连接，实现对单元层设备的测量、控制等功能。单元层智能电子装置通过 GOOSE 网、SV 网采集合并单元、智能终端等过程层智能组件的数据，通过 MMS 网与厂站层服务器、操作员工作站、工程师工作站等监控后台通信，单元层智能电子装置之间通过过程层 GOOSE 网进行数据交互。

按照《智能水电厂技术导则》(GB/T 40222—2021)的要求，智能电子装置应符合下列要求：①具备即插即用功能，能够根据全厂配置文件，自动与对应设备建立数据通信；②具备数据分析计算能力，能够对被监测设备进行初步故障诊断；③具备冗余装置识别功能，自动实现冗余装置之间的无扰动切换；④具备自诊断及自恢复能力，能够在装置异常时自动重启软件或装置；⑤能通过 DL/T 860.10—2018 的一致性测试。智能电子装置还应符合下列要求：①装置注册、参数远程配置、固件升级、模型升级等功能符合 YD/T 2437—2012 的要求；②具备自适应调节能力，能够根据被控制设备实测响应特性优化调节参数。

现地智能电子装置一般包括智能主控装置、智能终端、智能调速器、智能励磁调节器、智能同期装置、智能交采测速装置、智能保护装置、智能振摆保护装置、合并单元及智能状态监测装置等。

1) 智能主控装置

智能主控装置是数字抽蓄监控系统的核心，通过冗余的 MMS 网与厂站层上位机系统进行交互，上传遥信、遥测信息；通过冗余的 GOOSE 网订阅各智能终端测点采集信息；接收来自厂站层的控制和调节指令。接收到控制指令后，智能主控装置根据预先设定的逻辑算法和控制闭锁流程进行相关计算和判断，并最终通过 GOOSE 网接口发送至单元层其他智能设备，或由调速、励磁系统和断路器智能终端执行。

2) 智能调速器

智能调速器是数字抽蓄调速系统的核心，通过 SV 网获取合并单元采集的电压、电流信号，计算出有功和频率并参与调节，通过 GOOSE 网与调速器智能终端交互控制及状态信号(如开停机、有功增减等)，通过 MMS 网将调速器的状态、故障报警、转速、开度、内部参量等信号实时上传，并接收监控系统功率给定、水头设定信号、开机、停机、增减等信号。

3)智能励磁调节器

智能励磁调节器是智能水电厂励磁系统的核心，通过 SV 网获取合并单元采集的电压、电流信号并参与调节，通过 GOOSE 网与励磁智能终端交互控制及状态信号(如灭磁开关跳闸、合闸信号、增磁令/减磁令等)，通过 MMS 网将励磁系统的测量值、控制值、过程变量、事件、波形等信号实时上传，并接收监控系统电压给定、控制模式、电流给定、开机、停机等信号。

4)智能保护装置

智能保护装置用于实现智能水电厂继电保护功能，与厂站层信息交互采用 MMS 网，跳合闸指令和联闭锁信息通过直接电缆或 GOOSE 网连接，电压电流量可通过常规互感器或电子式互感器采集，并通过合并单元进行接入。当前，采样值多采用点对点接入方式。

5)智能振摆保护装置

智能振摆保护装置主要指对水轮发电机组主要部件的振动、摆度等信号进行实时采集与处理、特征提取，实现机组振摆值越限告警及机组状态异常越限停机信号输出的电子装置。

6)智能状态监测装置

智能状态监测装置主要指实现各类设备状态监测传感器信号量的采集与计算、实时监测与告警、现地数据管理和分析试验等功能，并将采集、计算、分析后的各类设备状态监测信息，通过 MMS 网上传给机组状态监测系统的电子装置。

4.2 现地系统结构

抽蓄电站现地系统采用先进、可靠、集成的智能电子装置，以信息数字化、通信平台网络化、信息共享标准化为基本要求，自动完成信息采集、测量、控制、保护、计量和监测等基本功能。系统架构图如图 4-1 所示。

现地系统设备逻辑上主要分布在过程层和单元层。现地各智能电子装置采用厂站层网络(MMS 网)、过程层网络(GOOSE 网、SV 网)实现数据交互。过程层包括变压器、断路器、隔离开关、电流/电压互感器等现地设备及其所属的智能组件以及独立的智能电子装置，如合并单元、智能终端等。单元层由各类智能化的现地监测、控制和保护设备组成，实现使用一个单元的数据并且作用于该单元机电设备的功能，即与各种远方输入/输出、传感器和控制器通信。单元层典型智能电子装置包括智能主控装置、智能交采测速装置、智能同期装置、智能调速器等。

与传统水电厂相比，数字抽蓄现地系统架构具有如下特点。

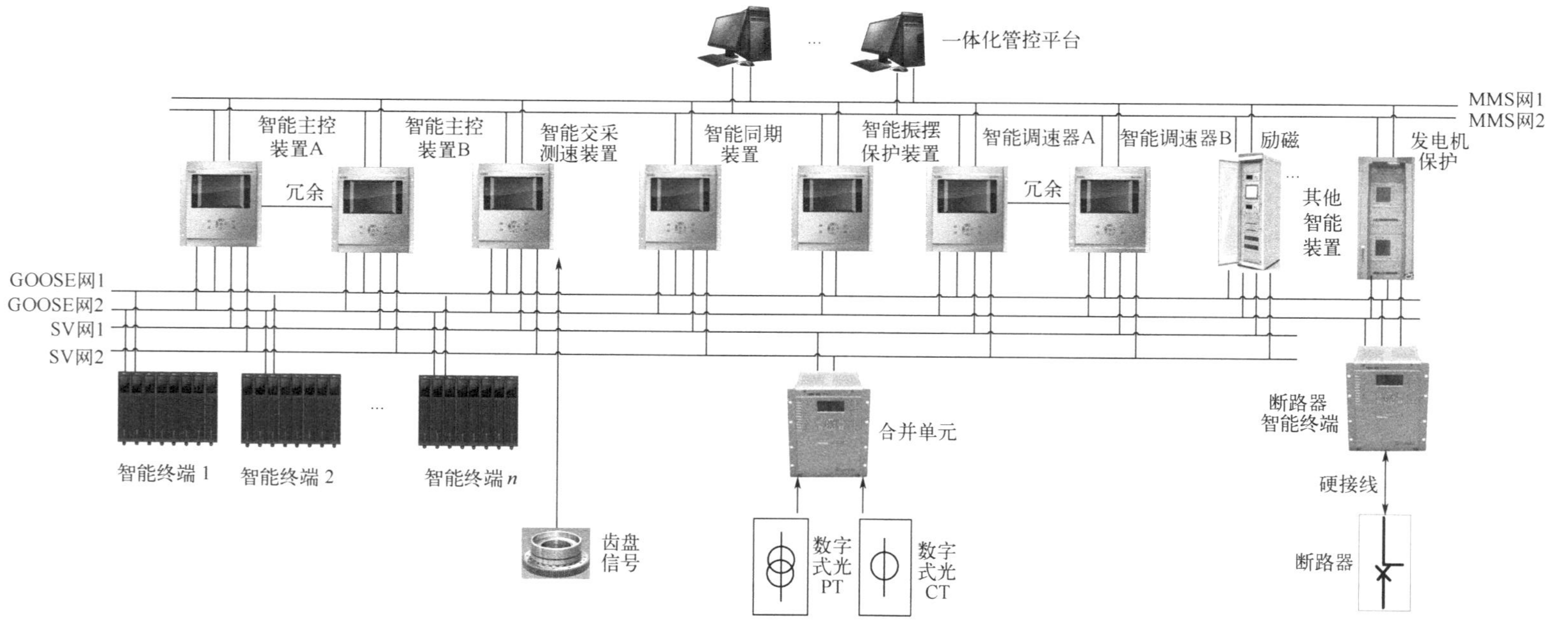

图 4-1 智能水电厂现地系统架构图

PT-电压互感器；CT-电流互感器

(1) 电量、非电量信息采集数字化，对比传统监控系统现地控制单元，原先的测点信息采集、控制执行功能由智能终端实现，并作为过程层设备靠近被控对象分散分布安装，信息传递载体由传统电缆转为光纤，减少了大量设备间的信号电缆，提高了系统的整体实时性和抗干扰能力。

(2) 各电子装置之间的接口标准化，实现各子系统内部及子系统之间互联互通、数据共享，消除了信息孤岛并减少了重复配置的传感器，实现“源端采集、全厂共享”。

(3) 各系统按照 DL/T 860 标准建模和通信，减少了系统间的调试和配合工作，提高了效率。

(4) 基于 DL/T 860 标准可以上传装置自身运行状态、运行参数等更丰富的信息，运行控制更加可靠。

(5) 各智能电子装置具备自诊断、自恢复、自适应和自愈能力，通过装置间的互联互通，能够预判故障，产生告警，并能自动完成控制保护功能。

4.3　典型智能电子装置

4.3.1　合并单元

合并单元(merging unit，MU)是用以对来自互感器的电流和电压信号(数字信号和模拟信号)进行时间相关组合的物理单元，可以是互感器的一个组件，也可以是一个分立单元。合并单元为智能电子设备提供一组与时间同步(相关)的电流和电压采样值，它能汇集(或合并)多个互感器的输出信号，获取电力系统电流和电压瞬时值，并以确定的数据品质传输到电力系统的电气测量仪器和继电保护设备。合并单元的每个数据通道可以传送一台或多台的电流或电压互感器的采样值数据，它能汇集电子式电压互感器、电子式电流互感器输出的数字量信号，也可汇集并采样传统电压互感器、电流互感器输出的模拟信号或者电子式互感器输出的模拟小信号，并进行传输。

按照《智能水电厂智能测控装置技术规范》(GB/T 39627—2020)的要求，合并单元应符合 DL/T 282—2018 的规定，并满足下列要求：①SV 网接口的数量可根据需要进行配置；②具备电子式电流互感器和电子式电压互感器接口，宜保留常规电压互感器和常规电流互感器采集接口。

通常，合并单元对来自一个设备间隔(一套包括互感器在内的三相开关设备的总称)的各电流和电压，按 DL/T 860.92—2016 标准进行合并和传输。在多相或组合单元时，多个数据通道可以通过一个实体接口从电子式互感器的二次转换器传输到合并单元。合并单元输出的若干组数字量信号可分别满足继电保护、测量、计量等不同应用的要求。针对电子式互感器，较为典型的合并单元及其系统架构如图 4-2 所示。

在接入传统互感器模拟量信号时，支持保护用交流电压和电流双 A/D 数据采集，两路 A/D 电路相互独立。合并单元同时具备断路器、刀闸等位置信号采集功能，支持 GOOSE 网接收并具有级联功能，接收来自其他间隔合并单元的电压数据，能对级联输入的采样值有效性进行判别，并能对数字采样值失步、无效、检修等事件进行记录。

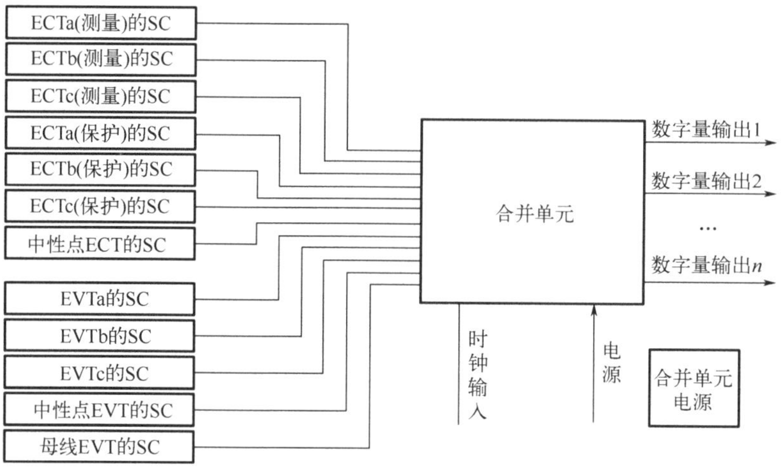

图 4-2　合并单元及其系统架构示例

EVTa 的 SC：a 相电子式电压互感器的二次转换器

ECTa 的 SC：a 相电子式电流互感器的二次转换器，可能有其他数据通道布局

合并单元采用 DL/T 860.92—2016 规定的数据格式输出数据，支持至少 8 个采样值输出端口。为满足不同需求，合并单元每周波采样点可配置。采样数据的输出频率通常为 4kHz 或 12.8kHz。合并单元可输出电子式互感器整体的采样响应延时，满足直采的要求。合并单元采样值报文从接收端口输入至输出端口输出的总延时不大于 1ms，级联合并单元采样响应延时不大于 2ms，合并单元采样值发送的离散值不大于 10μs。装置在复位启动过程中以及在电源中断、装置电源电压异常、采集单元异常、通信中断、通信异常、装置内部异常等情况下均不误输出。

合并单元可接收外部时钟的同步信号，同步方式基于 IRIG-B 或 PPS，与 ECT、EVT 的同步可采用同步采样脉冲。合并单元具有守时功能，在失去同步时钟信号 10min 以内的守时误差小于 4μs，在失去同步时钟信号且超出守时范围的情况下，装置将产生数据同步无效标志。在合并单元外部时钟信号从无到有变化过程中，为保证与时钟信号快速同步，允许在 PPS 边沿时刻采样序号跳变一次，采样间隔离散不超过 10μs(采样频率为 4kHz)，同时合并单元输出的数据帧同步位由失步转为同步状态。

4.3.2　智能终端

智能终端是指与过程层辅机、测温、断路器、刀闸等设备采用电缆连接，与智能主控装置、智能调速器、智能保护装置等过程层设备采用光纤连接，实现对过程层设备的测量、控制等功能的一种智能组件。

按照《智能水电厂智能测控装置技术规范》(GB/T 39627—2020)的要求，智能终端应符合 GB/T 28570—2012、DL/T 578—2023、NB/T 10861—2021、DL/T 583—2018、DL/T 1348—2014、DL/T 1804—2018 等相关规定，并满足下列要求：①应具备 2 个 GOOSE 网接口，采用 GOOSE 协议与智能主控装置、智能调速器等其他智能测控装置通信；②宜支持 DI/DO、SOE、AI/AO 及 TI 等功能，以及常规电压互感器和常规电流互感器的交流信号采集功能，具体技术指标应满足 DL/T 578—2023 中关于数据和控制接口的相关规定；③用于机械转速测量功能的智能终端应满足 NB/T 10861—2021 中关于非电量测量的转速测量指标要求；④用于振摆测量的智能终端可提供 MMS 网接口，实现原始采样波形文件传输；⑤测点数量可根据需要进行配置。

智能终端具有信息转换和通信功能，支持以 GOOSE 方式上传过程层设备的状态信息，同时接收来自单元层设备的 GOOSE 下行控制指令，实现对过程层设备的实时控制功能。智能终端可接收 IRIG-B 码时钟同步信号，终端的对时精度误差小于 1ms。

智能终端带有至少 1 个本地通信接口（调试口）和 2 个独立的 GOOSE 网接口，必要时还可设置 1 个独立的 MMS 网接口（用于上传状态监测信息）。通信遵循 DL/T 860 标准。智能终端 GOOSE 的单双网模式可灵活设置，一般统一采用 ST 型光纤接口。

智能终端具有开关量输入（DI）、中断型开关量（SOE）、模拟量输入（AI）和温度量输入（TI）功能，模拟量输入能接收 4～20mA 电流和 0～5V 电压，温度量输入可接收 Pt100、Cu50 等热电阻信号。智能终端还具有开关量输出（DO）和模拟量输出（AO）功能，模拟量输出支持 4～20mA 电流和 0～5V 电压。智能终端输入和输出量 IO 点数可根据工程需要灵活配置。

智能终端有完善的闭锁告警功能，包括电源中断、通信中断、通信异常、GOOSE 断链、内部信号异常等信号，终端异常等信号可直接通过 LED 灯指示。

4.3.3 智能主控装置

智能主控装置主要部署在单元层，用于以智能水电厂机组、开关站、公用、闸门等单元为监控对象的测量与控制。

按照《智能水电厂智能测控装置技术规范》（GB/T 39627—2020）的要求，智能主控装置应符合 DL/T 578—2023 中现地控制级计算机的相关规定，并满足下列要求：①应具备数据处理、逻辑控制和 PID 调节功能；②应具备 2 个 MMS 网接口和 2 个 GOOSE 网接口，可提供 2 个 SV 网接口；③应具备逻辑编程功能，编程语言宜满足 GB/T 15969.3—2017 的规定；④与一体化管控平台通信时，应采用 MMS 协议；⑤与智能调速器、智能励磁调节器及智能终端等智能测控装置通信时，应采用 GOOSE 协议。

1. 主要功能

作为数字抽蓄监控系统的核心，智能主控装置可实现监控系统现地控制系统的主要功能。智能主控装置具备 MMS 网与 GOOSE 网接口，经双网交互信息、接收指令，按照预设逻辑判断后发至智能设备执行。

根据被控对象重要性及可靠性要求，智能主控装置可选择单套运行或者双套热备冗余运行。在采用双套热备冗余运行时，如果运行状态为主用的监控装置出现故障，运行状态为备用的监控装置将自动无扰动升级为主用，对被控对象的监控实现无缝衔接，从而大幅提升系统可靠性。

智能主控装置作为智能水电厂监控系统单元层设备的核心，主要功能如下所示。

(1)通过 GOOSE 网从智能终端获取机组各种开关量、模拟量、温度量信号。

(2)通过 MMS 网上传遥信、遥测报文，接收下发的控制、设值指令。

(3)通过流程逻辑闭锁实现开停机、分合闸、同期并网等控制，并通过 GOOSE 网发布控制报文。

(4)通过 GOOSE 网与其他子系统(如励磁、调速)进行交互。

智能主控装置在单元层/过程层的工作数据流如图 4-3 所示。

2. 工作原理

1)MMS 网通信

智能主控装置作为服务端，厂站层监控系统作为客户端，通过厂站层 MMS 网实现通信。智能主控装置根据其模型文件(ICD)，通过报告控制块将其监视到的开关量、模拟量、温度量等信息上传至厂站层监控系统；同时，接收厂站层监控系统下发的设值、控制指令，执行梯形图、流程图编程，实现机组启停、有功/无功调节、开关分合等控制。

智能主控装置实现 MMS 网通信，需要将针对被控对象所建模型的 ICD 文件和映射文件下载至装置，通过编程软件下载至智能主控装置后，智能主控装置自动加载配置信息并按配置运行。

2)GOOSE 网通信

智能主控装置作为 GOOSE 订阅者，接收过程层智能终端、单元层其他智能设备的开关量、模拟量、温度量等信息；同时作为发布者，将控制、调节后的开关量、模拟量发送至过程层智能终端、单元层其他智能设备，从而驱动相应的执行机构。智能主控装置通过 GOOSE 网通信，实现单元层监控信息的交互。

根据 GOOSE 订阅与发布的配置信息生成配置文件，通过编程软件下载至智能主控装置后，智能主控装置自动加载配置信息并按配置运行。

3)逻辑可编程

梯形图是应用最广泛的一种编程语言，源于电气系统的逻辑控制图，采用继电器、触点、线圈等元件符号，以及逻辑关系图来表示它们的逻辑关系。

智能主控装置支持符合 IEC 61131-3:2025 PRV 国际标准的梯形图编程语言，可实现线圈、触点、定时器、计数器、逻辑运算、关系运算、算术运算、数据转换、数据传送、程序控制、PID 调节等功能，用户可根据被控对象的控制策略进行二次编程开发，从而实现信息处理与控制。梯形图编程示例如图 4-4 所示。

智能主控装置也支持符合 IEC 61131-3:2025 PRV 国际标准的流程图编程语言，可实现顺序控制。流程图编程语言采用面向对象的图形化过程描述方法，提供了直观的、交互的编程方式来生成顺序控制程序，易于用户操作。流程图编程示例如图 4-5 所示。

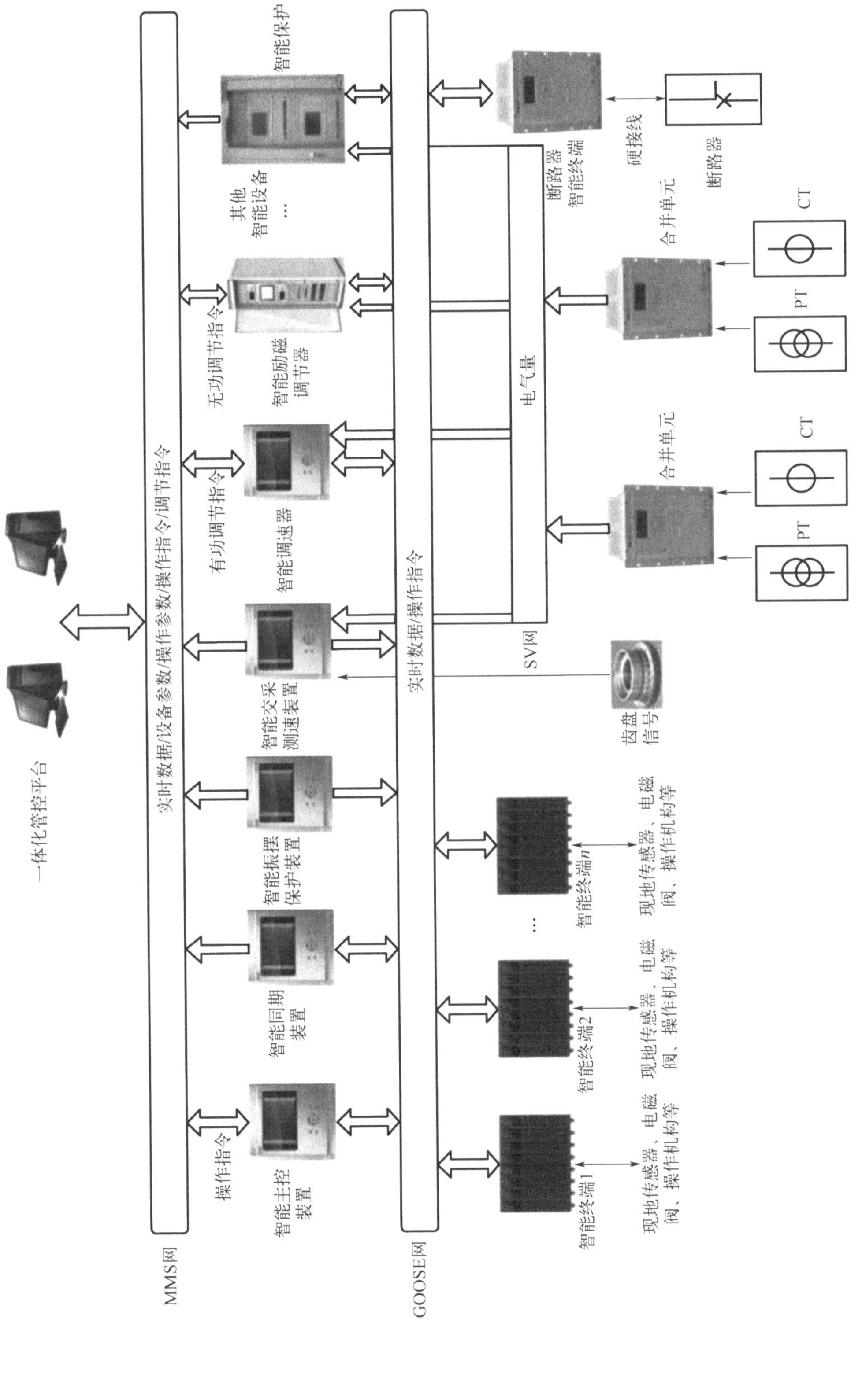

图 4-3　智能主控装置工作数据流

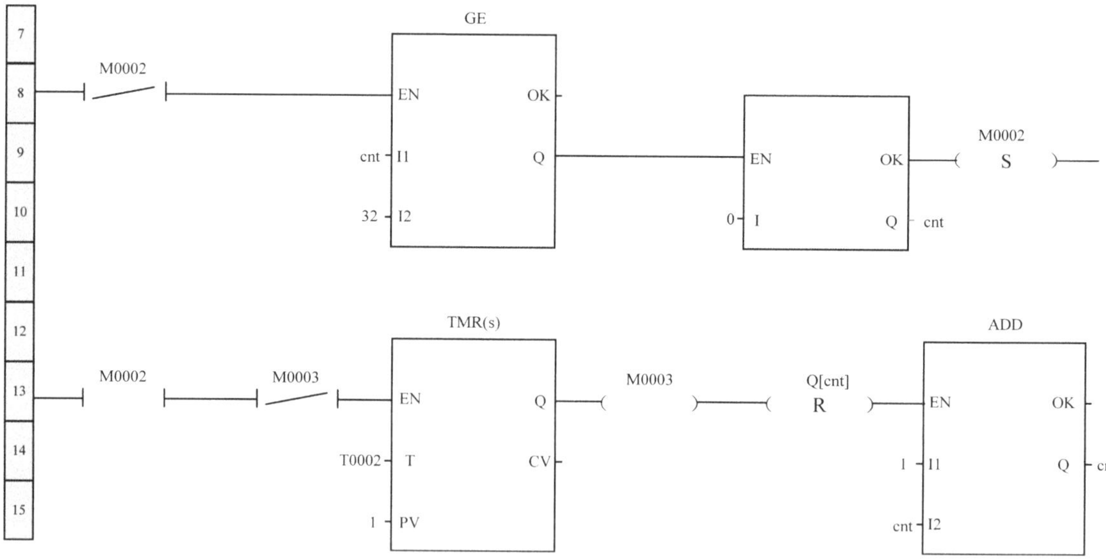

图 4-4　梯形图编程示意图

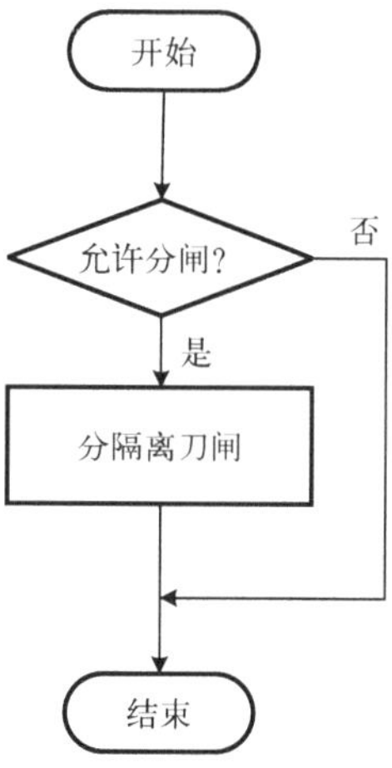

图 4-5　流程图编程示意图

智能主控装置上电时加载梯形图、流程图程序的可执行文件，然后周期执行所编程序。装置按照“读取测量输入信息”→“执行所编程序”→“发送控制输出信息”的循环运行。

4) 双套热备冗余

对于重要的被控对象，为提高监控的可靠性，一般采用双套智能主控装置热备冗余运行。热备运行的双套装置，先上电的运行状态为主用，后上电的运行状态为备用；若同时上电，则默认其中一套装置运行状态为主用。在运行过程中，为主用的装置通过热备线周期性地将实时数据发送给为备用的装置，保证主用、备用装置的数据一致。当为主用的装置发生宕机故障时，其自动转换为备用；原先为备用的装置自动升级为主用，实现对被控对象的监控实时无扰动切换。

4.3.4　智能交采测速装置

智能交采测速装置用于智能水电厂发电机组的一次侧电压、电流量采集，以及机组转速测量与保护功能。装置带有至少 1 个本地通信接口(调试口)、2 个独立的 SV 网接口以及 2 个独立的 GOOSE 网接口。

智能交采测速装置通过 SV 网接收来自合并单元的电压、电流报文，计算出机组或电网电流、电压、频率、有功、无功以及功率因数等，然后通过 GOOSE 网发送给智能主控装置等设备。

智能交采测速装置还支持 2 路以上的机械测频信号测量，信号输入支持正负两种逻辑信号接入，能正确区别机组旋转方向，同时具有蠕动检测告警功能、断线告警功能、过速最大值记忆和录波功能。机械测频信号与 SV 电气测频信号的数值可以通过组态的方式输出保护逻辑，通过 GOOSE 网将保护输出状态发送至智能主控装置，用于机组流程控制。

智能交采测速装置可接收 IRIG-B 码时钟同步信号，装置的对时精度误差小于 1ms。通信遵循 DL/T 860 标准。智能交采测速装置 GOOSE 的单双网模式可灵活设置，一般统一采用 ST 型光纤接口。

智能交采测速装置有完善的闭锁告警功能，包括电源中断、通信中断、通信异常、GOOSE 断链、内部信号异常等信号，终端异常等信号可直接通过 LED 灯指示。

4.3.5　智能同期装置

智能同期装置用于智能水电厂发电机组以及线路的并网操作。装置带有至少 1 个本地通信接口(调试口)、2 个独立的 SV 网接口以及 2 个独立的 GOOSE 网接口，必要时还可设置独立的 MMS 网接口。

按照《智能水电厂智能测控装置技术规范》(GB/T 39627—2020)的要求，智能同期装置应符合 DL/T 1348—2014 的相关规定，并满足下列要求：①应具备 2 个 GOOSE 网接口，可提供 1 个 MMS 网接口和 2 个 SV 网接口；②与一体化管控平台通信时，应采用 MMS 协议；③与智能主控装置、智能终端等智能测控装置通信时，应采用 GOOSE 协议，通信内容宜包括启动同期、无压使能、选择对象、故障、增速、减速、增压、减压及电压特征值、相角等；④与合并单元通信时，应采用 SV 协议，通信内容应包括机端电压和系统电压等交流电压采样瞬时值；⑤DI/DO、AI 等功能宜通过智能终端实现；⑥应支持常规电压互感器的交流信号采集功能；⑦应保留硬接线合闸开出信号。

智能同期装置通过 SV 网通信接收来自合并单元的交流电流和交流电压采样瞬时值，如机端电压和系统电压等，并进行同期算法处理。

智能同期装置通过 GOOSE 网与智能终端进行通信，可实现开关量、模拟量等信号的采集与控制，并可与其他智能电子装置交互控制指令、开关状态信息以及测量值等内容。除了智能终端之外，智能同期装置还可以直接进行合闸开出。

智能同期装置可通过 MMS 网与一体化管控平台进行通信，通信内容可包括开关量信号、模拟量信号、交流量特征值以及录波文件等。

智能同期装置可接收 IRIG-B 码时钟同步信号，装置的对时精度误差小于 1ms。通信遵循 DL/T 860 标准。智能同期装置 GOOSE 的单双网模式可灵活设置，一般统一采用 ST 型光纤接口。

智能同期装置有完善的闭锁告警功能，包括电源中断、通信中断、通信异常、GOOSE 断链、内部信号异常等信号，终端异常等信号可直接通过 LED 灯指示。

4.3.6　智能调速器

1. 发展现状

水轮机调速系统是电站的核心设备，承担着机组的启动、停止、工况转换、负荷调整等重要任务，直接关系到机组和电网的安全稳定经济运行。然而，目前国内已经投产和正在建设的电站中，调速器产品仍然按常规设计，在 TCP/IP 网络通信接口、GPS 对时、信息冗余、状态监测、仿真与测试接口等方面不能满足当前电网智能化环境的特殊要求。智能水电厂要求相应的调速系统具有高速可靠的通信网络、先进的传感和测量技术、冗余可靠的设计、高级的控制策略以及方便灵活的仿真测试接口，最终实现水电厂机组的智能化、信息化及安全可靠运行。

智能调速器主要经历了以下三个阶段。

第一阶段是 2010～2013 年，主要是摸索和试验阶段，优选国内首批智能水电厂试点单位，按照“三层两网”架构，开展设备智能化改造及示范应用。其上位机系统按照统一软件平台、信息共享模式设计，调速系统作为单元层设备，通过厂站层网络能够与上位计算机系统直接进行网络通信，并且满足 DL/T 860 通信标准。由于当时条件受到限制，现场还不具备过程层网络，调速器也不具备与过程层网络的通信能力，因此需要采用第三方 DL/T 860 规约转换装置，才能实现与厂站层网络的通信功能。

第二阶段是 2013～2015 年，主要是发展和试点阶段，随着越来越多的单位开展智能水电厂的建设工作，调速器和控制器厂家也开始研究适应智能水电厂需求的硬件产品。例如，奥地利贝加莱公司开发的 PC910 DL/T 860 通信网关，支持 DL/T 860 标准的 MMS 服务器、客户端；法国施耐德公司开发的 140 NOP 850 00 通信模块，支持 DL/T 860 标准的 MMS 和 GOOSE 网通信；德国西门子公司也开发了相应的 PLC 网关设备，支持 DL/T 860 标准的 MMS 网通信；2014 年 4 月，南京南瑞集团公司基于贝加莱公司 DL/T 860 通信网关和 X20 PCC 控制器开发的智能化调速器产品已经在三峡集团葛洲坝大江水电厂投入运行。与第一阶段产品相比，该系统采用了与 PLC 配套的通信接口设备，实现了统一网络对时，以及与上位机过程层网络的直接通信。

第三阶段是 2016 年至今，是全面智能化研制阶段，随着《智能水电厂技术导则》(DL/T 1547—2016)、《电力自动化通信网络和系统 第 7-410 部分：基本通信结构 水力发电厂监视与控制用通信》(DL/T 860.7410—2016)等标准的发布，智能水电厂的整体架构逐渐清晰，调速器不仅要能够与上位机厂站层 MMS 网直接通信，还必须满足与过程层 GOOSE 和 SV 网的通信，相应的硬件控制器在市面上尚未出现，施耐德公司开发的最新 PLC 控制器不能满足过程层 SV 网通信。南京南瑞集团公司基于智能水电厂统一硬件平台，研发了智能控制器和相应的智能终端产品，全面支持厂站层 MMS 网直接通信和过程层 GOOSE 和 SV 网通信。目前已经通过了实验室测试，并推向市场。

2. 总体要求

按照《智能水电厂智能测控装置技术规范》(GB/T 39627—2020)的要求，智能调速器应符合 DL/T 496—2016、DL/T 563—2016 的相关规定，并满足下列要求：①应具备 2 个 MMS 网接口和 2 个 GOOSE 网接口，可提供 2 个 SV 网接口；②DI/DO、AI/AO 及转速测量等功能宜通过智能终端实现；③与一体化管控平台通信时，应采用 MMS 协议，通信内容宜包括开停机状态、导叶开度及机组转速等；④与智能主控装置、智能终端等智能测控装置通信时，应采用 GOOSE 协议，通信内容宜包括开机、停机、有功设定值、开度限制设定值、水头及有功等；⑤与合并单元通信时，应采用 SV 协议，通信内容应包括交流电流和交流电压的采样瞬时值；⑥应具备故障录波功能，宜对导叶开度、机组频率、电网频率、水头、有功及断路器状态等参数和状态进行记录，可通过 MMS 网接口上传录波文件和事件记录；⑦应通过硬接线直接采样机组转速、导叶开度及断路器状态；⑧当网络出现故障时，装置应能够保持机组稳定且满足现地控制机组的基本要求。

3. 总体架构

智能调速器必须满足智能水电厂“三层两网”接口要求，全面支持 DL/T 860 标准的 MMS/GOOSE/SV 网通信要求，还应具备自诊断、自恢复、自维护、远程参数管理、仿真运行调试等功能。目前，国内的调速器产品大多选用进口 PLC 或 PCC，只有极少数产品具备 DL/T 860 通信接口，且仅支持 MMS 网通信，如施耐德昆腾系列，有的需要增加配套通信网关，如贝加莱 X20 系列、西门子 S7300 系列等。施耐德已开发出了支持 GOOSE 网接口的产品，但还未实际应用，支持 SV 网的产品目前也还没有得到生产。由此可见，要实现调速器全数字化信息采集及控制，必须进行全新开发。近期，南京南瑞集团公司已开发出全面支持 DL/T 860 标准的 MMS/GOOSE/SV 网通信的水电厂智能控制器产品和配套的智能终端产品。

全数字化采集和控制的调速系统总体结构如图 4-6 所示。主控制器满足 DL/T 860 标准的数据建模及通信功能，全面支持 MMS 网、GOOSE 网和 SV 网，两套控制器为双机热备用状态。

首先配置专用的电子式 PT、CT 或常规 PT、CT，通过合并单元转化为网络信号，传输到 SV 网上。智能调速器可采用两种方式进行频率信号与有功信号采集，第一种方式是智能调速器自行采集和计算，即通过 SV 网接口直接从 SV 网上获取电压和电流的瞬时值，进行傅里叶分析变换，计算出有功和频率；第二种方式是通过智能交采测速装置在 SV 网上获取电压和电流瞬时值，计算出有功和频率，再传输到 GOOSE 网上，智能调速器通过其主控制器的 GOOSE 网接口来读取。机组转速信号可通过安装在大轴上的齿盘探头来检测，参见图 4-6，信号先输入到智能交采测速装置，测速装置计算出机组转速再传输到 GOOSE 网上，智能调速器通过 GOOSE 网接口来获取转速信息。断路器信号则通过智能终端转换成 GOOSE 网信号传送给智能调速器。智能调速器主控制器的输出信号(控制电液转换器的电气信号和电磁阀的切换、开关信号)通过 GOOSE 网输出给智能调速器的智能终端(布置在液压操作柜中)，液压操作柜实现对主配压阀的实时闭环控制。智能主控装置通过 GOOSE 网将机组控制指令(开机、停机、增大有功、减小有功等)下发给智能调速器主控制器。功率给定和水头设定可以通过 MMS 网从一体化管控平台获取。

智能调速器的智能终端通过 GOOSE 网和主控制器相连并接收主控制器下发的控制电液转换单元的指令，智能终端与液压操作柜的连接则采用常规模拟量方式。如图 4-6 所示，智能终端主要用于电液转换器的电气闭环控制，手动/自动切换电磁阀、增减电磁阀、紧急停机电磁阀的控制等。此外，智能终端还预留了导叶开度信号、断路器信号、齿盘测速信号等硬接线输入接口。

水机保护的紧急停机信号采用硬接线直接作用于调速器紧急停机电磁阀，紧急情况下可以直接关闭主配压阀，从而关闭导叶。

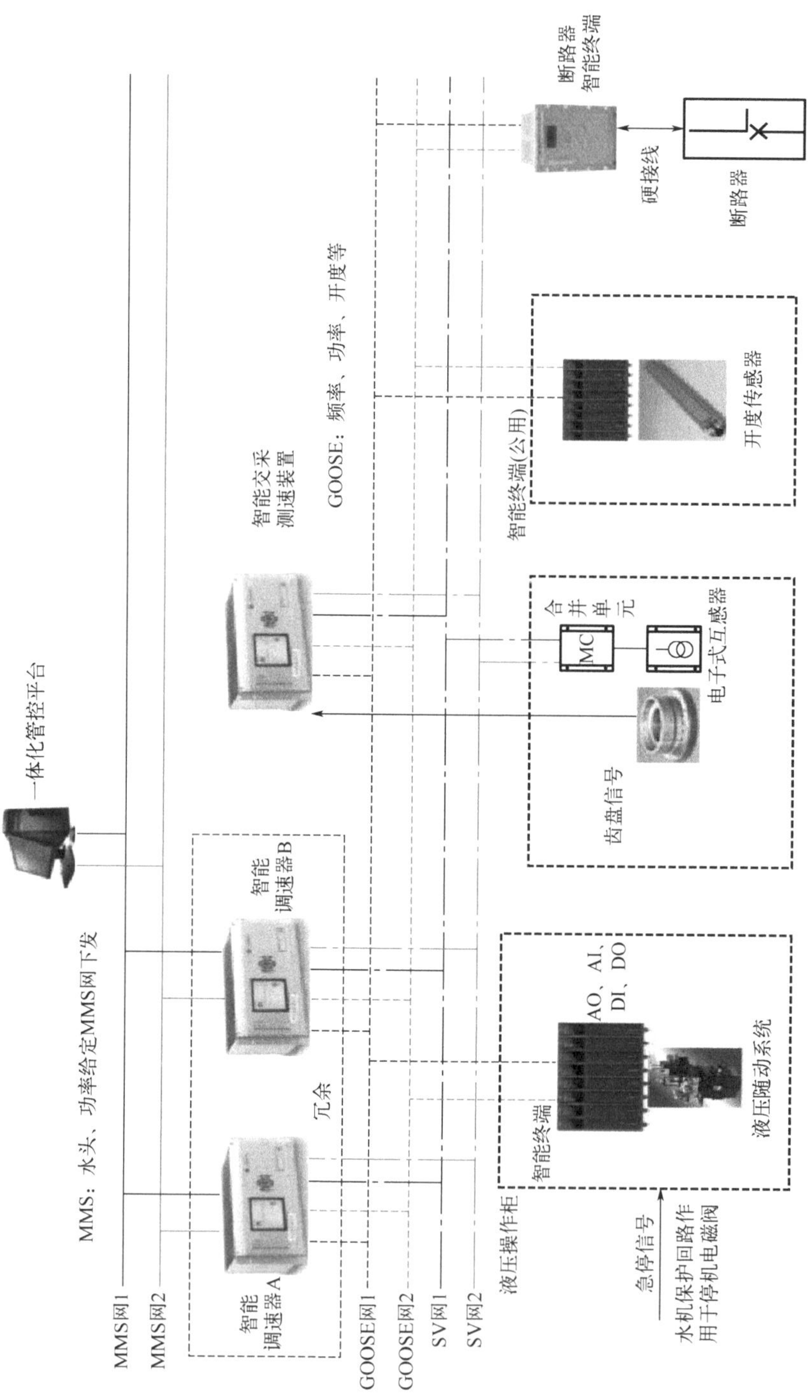

图 4-6　智能调速器总体架构示意图

目前，大多数水电厂还没有建成过程层网络，过程采集及控制还不能通过网络传输，因此可以采取过渡方案，即在传统调速器的基础上，增设 DL/T 860 标准转换设备接入厂站层 MMS 网。一体化管控平台通过 MMS 网下发有功、水头等定值以及开机、停机、增减等指令；调速器通过 MMS 网上传运行状态、故障报警、转速、开度、内部参量等信息，从而实现信息的有效交互。调速器控制需要的开度、转速、水位、功率等信息仍然可以采用常规模拟信号接入，但调速器需要预留过程层网络的接口，满足将来过程层网络建成后数据传输及控制的需要。

4. 主要功能

1) 基本功能

(1) 实现机组开机控制、停机控制、空载调节、频率跟踪、并网负荷调节、功率闭环控制、一次调频、孤网调节、甩负荷控制、紧急停机控制等功能。

(2) 支持 IRIG-B 码硬件对时和 NTP、SNTP 网络软件对时等多种对时方式。

(3) 拥有丰富的通信接口，具备 DL/T 860 标准厂站层和过程层网络通信功能，每个 MMS 网、GOOSE 网、SV 网接口都拥有完全独立的 MAC。

(4) 具备大容量数据存储、故障录波、实时录波、触发录波等多种录波方式，最多支持 30 天的运行数据记录。

(5) 具备智能化调试接口和测试手段，调速器内部自检、现场试验、一次调频、参数辨识试验均可以通过网络通信接口完成，试验报告可以自动生成，测试所需要的信号也可以以模拟量方式输出。

2) 高级功能

(1) 故障自诊断功能。

基于 DL/T 860 标准对智能调速器进行统一数据建模和网络通信，实现调速装置的全数字化数据采集和控制，引入专家系统和大数据分析系统，对电液转换单元、主配压阀、事故阀、分段阀、油泵、反馈变送器等核心设备运行状态进行评估和监测，对异常状态做出预先诊断和故障分析及报警，并自动进行预警和故障自我恢复，为设备的故障分析、性能评估和安全工作提供基础支撑。

(2) 实时仿真功能。

采用嵌入式模型仿真技术，将被控对象(水轮机及发电机组)抽象成传递函数，在微控制器内部建立相应的数字模型，将控制器的实际输出输入到模型，再将模型输出反馈到控制器，从而实现对模型的闭环控制。利用该技术可以在出厂或现场不具备开机条件时模拟机组动态试验项目，预知设备调节性能和功能，为现场试验提供可信服的依据，保证设备的安全和可靠。

4.3.7　智能励磁调节器

励磁装置是水电厂的核心设备，其运行状况关系着机组甚至电力系统的安全稳定运行。当前，励磁装置与监控、保护以及其他外部设备的信息交互仍然主要靠硬接线的方式来实现，屏柜中敷设了大量的信号电缆。部分电厂采用了如 RS485 总线等通信方式，但仍主要使用硬接线的方式来完成励磁系统与外部装置的信息交互功能，这给现场的安装以及检修工作带来了极大的工作量，如何改善通信手段成为水电厂迫在眉睫的内在需求。

目前，基于 IEC 61850:2025 SER 通信标准的 GOOSE/SV/MMS 网通信方式及相关电子产品在变电、发电站领域中已经拥有较为广泛的应用案例和成功经验，相关标准也日渐成熟完善。在水电领域，2013 年葛洲坝、白山等水电厂的励磁系统在国内率先实现了厂站层和单元层之间的基于工业以太网的满足 DL/T 860 标准的 MMS 网通信。

1. 总体要求

按照《智能水电厂智能测控装置技术规范》(GB/T 39627—2020) 的要求，智能励磁调节器应符合 DL/T 583—2018、DL/T 489—2018 的相关规定，并满足下列要求：①应具备 2 个 MMS 网接口和 2 个 GOOSE 网接口，可提供 2 个 SV 网接口；②DI/DO、AI/AO 等功能宜通过智能终端实现；③与一体化管控平台通信时，应采用 MMS 协议，通信内容宜包括励磁报警、故障、限制、电压给定值及无功设定值等；④与智能主控装置、智能终端等智能测控装置通信时，应采用 GOOSE 协议，通信内容宜包括增磁令、减磁令、逆变令、故障、报警及限制值等；⑤与合并单元通信时，应采用 SV 协议，通信内容应包括定子电流和定子电压等交流电流和交流电压采样瞬时值；⑥应具备故障录波和 SOE 功能，可自动触发录波，并对励磁报警、限制及故障等事件进行记录，可通过 MMS 网接口上传录波文件和事件记录；⑦应采用硬接线方式直接采样机端电压和发电机出口断路器信号；⑧当网络出现故障时，装置应能够保持机端电压稳定且满足现地控制机组的基本要求。

智能励磁调节器通过对智能设备进行标准化信息建模，实现控制系统信息共享和互操作，并以网络数据共享为基础，实现测量、控制、保护、故障录波、信息管理等自动化功能的最优化构建，最大程度上简化二次系统设备布置，强化各类应用功能。智能励磁调节器应具有满足 IEC 61850:2025 SER 标准的通信接口，具备独立的 MAC 地址，可以和厂站层、过程层及其他单元层设备实时交换数据。构建智能励磁系统有两方面要求。

(1) 励磁调节器位于单元层，它与厂站层之间可通过厂站层网络向外发送励磁故障、告警、限制等 MMS 报文，并接收开机、停机等 MMS 报文指令；励磁系统宜采用传统方式通过电磁式互感器直接采集定子电压、定子电流信号，并配置合并单元将定子电压、定子电流信号转换成 SV 报文上传至过程层网络，以供其他设备采样使用；应配置合并单元及智能终端，将励磁电压、励磁电流等信号转换成 SV 报文发送出去，同时接收过程层网络发来的磁场断路器分合闸 GOOSE 报文指令，并将磁场断路器的分合闸状态信号以 GOOSE 报文形式上传至过程层网络上。

(2) 在数字化通信的基础上，应具备专家知识库、故障诊断、远程调试、仿真与建模、移动互联等功能，充分挖掘利用大数据通信的优势，实现真正意义上的智能励磁系统。

2. 总体架构

按照智能水电厂建设的发展趋势，智能励磁系统应能满足“三层两网”的架构体系，全面支持基于 IEC 61850:2025 SER 标准的 MMS/GOOSE/SV 网通信方式。

对智能励磁系统拓扑结构与接口进行展开，如图 4-7 所示。

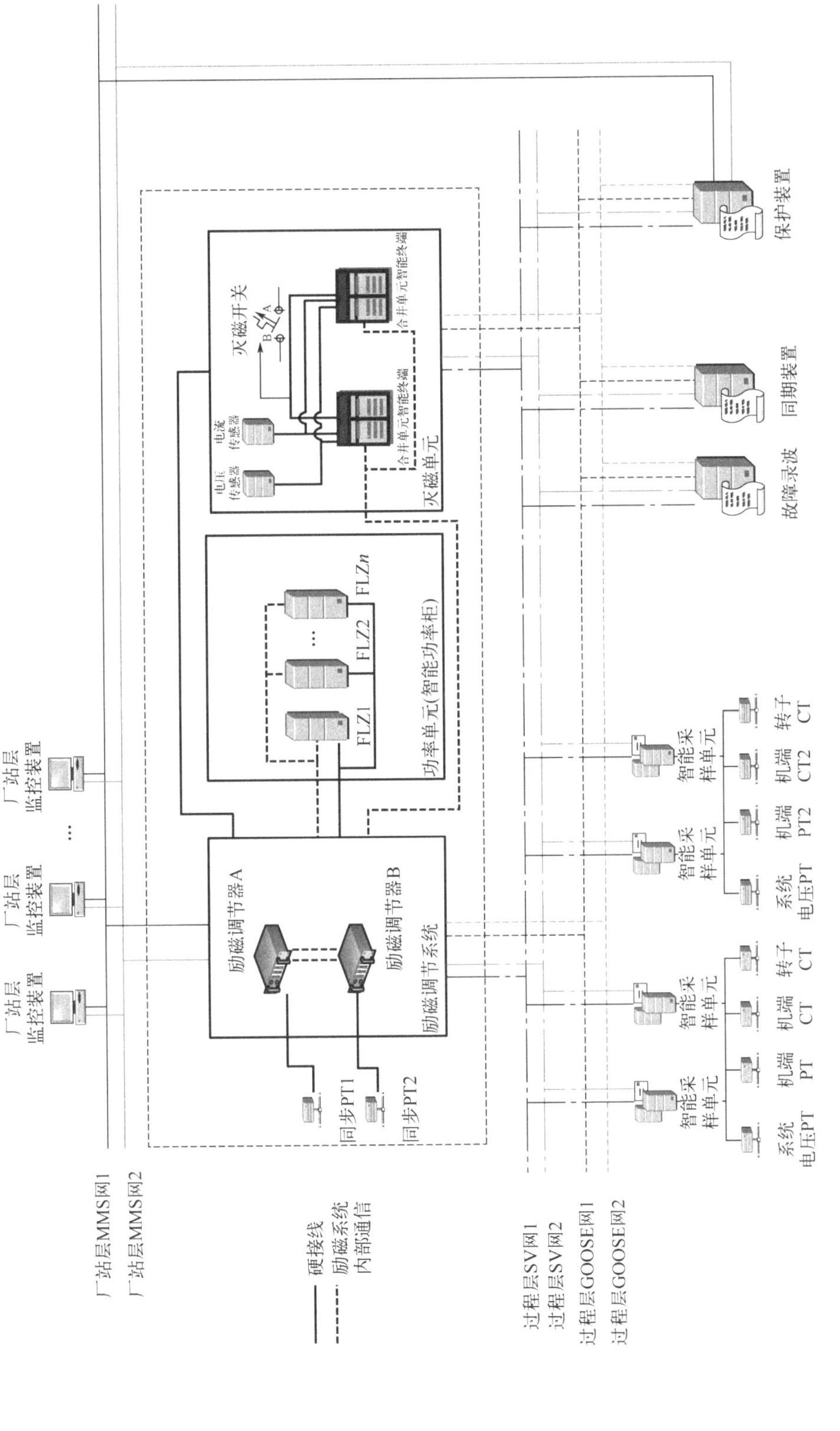

图 4-7　智能励磁系统拓扑结构示意图

厂站层网络：智能励磁系统与厂站层可以通过 MMS 网进行一些慢速信号的信息交互。励磁调节器可以将故障、告警、限制、录波文件、事件记录，以及一些状态变量等信息以 MMS 报文形式上传至厂站层；厂站层可以通过 MMS 报文给励磁系统下发建压、逆变、定子电压给定值、励磁电流给定值等指令或参数。

过程层网络：智能励磁系统与单元层设备、过程层设备之间可以通过 GOOSE/SV 网进行实时信息交互。定子电压 PT 和定子电流 CT 信号通过合并单元转换成 SV 报文上传至过程层网络，供单元层设备采样使用。在智能励磁设备内部应配置合并单元及智能终端，一方面可以将励磁电压、励磁电流信号转换成 SV/GOOSE 报文上传至过程层网络，另一方面可以将过程层网络发来的磁场断路器分闸、合闸 GOOSE 指令转换成可执行的电信号送给磁场断路器，同时将磁场断路器的分闸、合闸等状态信号转换成 GOOSE 报文上传至过程层网络。

励磁调节器与功率整流装置、灭磁及过压保护装置之间的内部通信可根据设备厂商的实际情况继续沿用成熟的通信方式。为了保证安全性与冗余度，智能励磁系统应采用完全独立、互相跟踪的双套励磁调节器配置，其 MMS/GOOSE/SV 网也应该按照双网配置。此外，为了确保极端事故工况下的灭磁可靠性，建议保留外部发来的磁场断路器分闸指令的硬接线，确保在通信网络完全中断的情况下也能顺利跳开磁场断路器完成灭磁。

3. 现行典型架构

以 2013 年 1 月并网发电的葛洲坝二江电厂 7 号机组智能励磁系统为例，其模拟量采集仍然采用电缆自采方式，与现地控制单元之间的开关量监控仍然采用硬接线方式，均维持现状不变。智能励磁系统与现地控制单元的通信采用基于 IEC 61850 通信协议的 MMS 方式，励磁系统内部通信采用电缆自采或网络通信方式。其系统拓扑如图 4-8 所示。

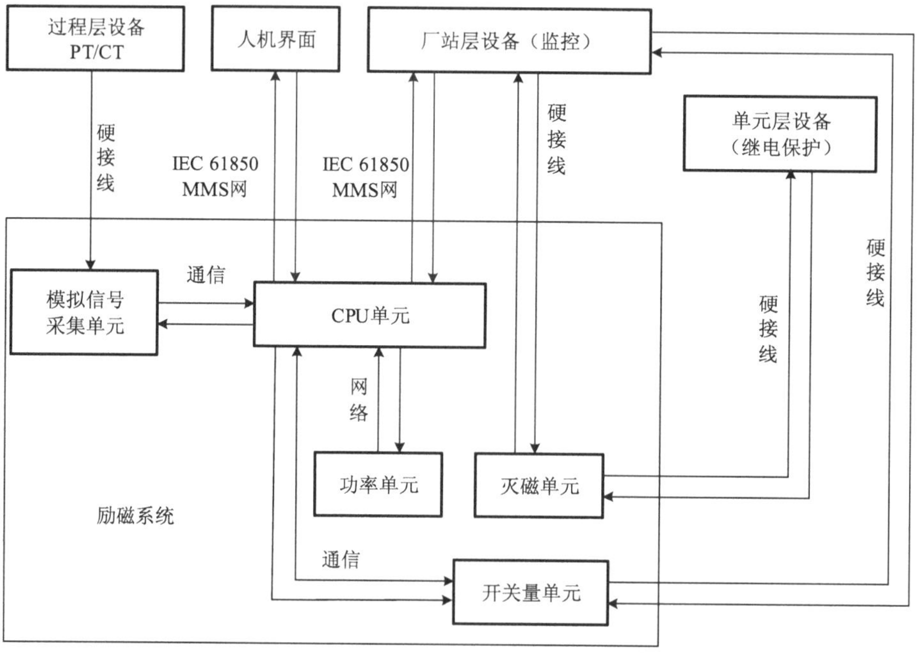

图 4-8　已投运的葛洲坝 7 号机组智能励磁系统示意图

4. 智能励磁系统配置

满足智能水电厂架构体系的智能励磁系统应包含以下几个部分：数字励磁调节器、功率整流装置(包含1台或数台智能功率柜)、灭磁及过压保护装置(包含合并单元、智能终端、磁场断路器及其控制回路、灭磁电阻、过压保护单元等)。具体说明如下。

(1) 数字励磁调节器。采用双通道冗余配置，其中实时开关量、模拟量采样值采用GOOSE和SV方式传输；与厂站层之间进行开入开出、定值参数、告警、故障等信号的传输采用MMS方式。

(2) 功率整流装置。采用智能功率柜，与励磁调节器之间以网络通信或硬接线方式进行数据交换，通信量包括可控硅状态监视、快熔监视、功率柜温度、各桥臂电流监视、风机状态、脉冲检测、启停风机等信息。

(3) 灭磁及过压保护装置。除了常规的磁场断路器、灭磁电阻、过压保护单元外，该装置还应包含双冗余配置的合并单元和智能终端。其中，合并单元将灭磁柜内采集到的励磁电压、励磁电流等模拟量经过重采样、定时发送等处理后转换成带有时标的SV/GOOSE报文发送出去。智能终端功能一方面将GOOSE网上的磁场断路器分合闸指令解析成可执行的电信号送至磁场断路器，另一方面将磁场断路器的状态信号汇编成GOOSE报文上传至GOOSE网。

4.3.8 智能保护装置

继电保护装置是电力系统安全运行的重要保护电器，在电力系统安全运行过程中起着非常关键的作用。当电力系统中的电力元件(如发电机、线路等)或电力系统本身发生了故障，危及电力系统安全运行时，继电保护装置能够向运行值班人员及时发出告警信号，或者直接向所控制的断路器发出跳闸指令，以终止这些事件发展。

继电保护装置的基本任务包括以下几点。

(1) 一般将故障元件选择性地从电力系统中快速、自动地切除，使其损坏程度能够减至最轻，并保证最大限度地迅速恢复无故障部分的正常运行。同时，使故障设备免遭进一步破坏，并发出相应的事故音响和光字信号。

(2) 每当设备出现不正常运行状态时，继电保护装置都应发出相应的预告音响和光亮信号，以此引起运行人员的注意，使运行人员能够及时地采取措施，消除不正常运行状态，尽快地恢复正常运行。

(3) 根据实际情况，尽快自动恢复停电部分的供电。

在水电厂中，发电机、变压器输电线路等重要电气设备均装有各种专门的继电保护装置。继电保护系统可按对象一对一进行设置，分别设有发电机保护、主变保护、厂变保护、闸坝变保护、备用变保护、联络线保护、母线保护、线路保护等。

智能保护装置的功能同样需要遵循继电保护基本原则，满足GB/T 14285—2023继电保护选择性、速动性、灵敏性、可靠性的要求，并且满足DL/T 671—2010、DL/T 684—2012、DL/T 769—2001等相关标准的规定。智能水电厂可根据装机容量、出线电压等级、接入电网情况以及母线运行方式，参照国家规程规范，并结合国内其他同级别水电厂继电保护通用配置情况，进行继电保护装置配置。

智能水电厂应部署双重化配置的两套保护，其信息输入、输出环节应完全独立。在条件具备时，还可采用电子式互感器，此时保护装置的相关保护算法应适应电子式互感器的数字信号输入。

为了进一步提高装置采样的可靠性，智能保护装置采样值目前主要采用点对点接入方式，采样输入接口数据的采样频率多为 4000Hz，同步由保护装置实现，支持 GB/T 20840.8—2007(IEC 60044-8:2002)或 DL/T 860.92—2016 标准，在工程应用中可灵活配置。保护装置自动补偿电子式互感器的采样响应延迟，当响应延时发生变化时，可闭锁采自不同合并单元(MU)且有采样同步要求的保护。

智能保护装置的交流量信息具备自描述功能，保护装置对 MU 上传的数据品质位(无效、检修等)进行处理，及时准确提供告警信息。在异常状态下，利用 MU 的信息合理地进行保护功能的退出和保留，瞬时闭锁可能误动的保护，延时告警，并在数据恢复正常之后尽快恢复被闭锁的保护功能，不闭锁与该异常采样数据无关的保护功能。在智能保护装置接入两个及以上 MU 的应用中，保护装置应按每个 MU 设置 MU 投入软压板。

当采用电子式互感器时，智能保护装置需要针对电子式互感器的特点优化相关保护算法、提高保护性能；保护装置需要采取措施防止输入的双 A/D 数据之一异常时产生误动作。除检修压板可采用硬压板外，其他应该优先考虑采用软压板，满足远方操作的要求。检修压板投入时，上传带品质位信息，保护装置有明显显示(面板指示灯和界面显示)。参数、配置文件仅在检修压板投入时才可下装，下装时将闭锁保护。

智能保护装置通过 MMS 网接口与厂站层设备进行通信。保护装置的交流电流、交流电压及保护设备参数的显示、打印、整定能支持一次值，上传信息采用一次值。保护装置可同时支持 GOOSE 点对点和网络方式传输，传输协议遵循 DL/T 860.81—2016。装置采样值接口和 GOOSE 网接口数量根据工程的需要配置，母线保护、变压器保护在接口数量较多时可采用分布式方案。保护装置内部 MMS/GOOSE/SV 网接口采用相互独立的数据接口控制器，装置具备通信中断、异常等状态的检测和告警功能。

通过基于 DL/T 860 标准的共享网络，所有的保护装置均能共享信息，实现真正意义上的数字化协调动作、保护配合、故障分析处理的功能。为了记录所有 MU、过程层 GOOSE 网的信息，需要与智能保护装置配置对应的故障录波装置和网络报文记录分析装置，如图 4-9 所示。

4.3.9　智能振摆保护装置

1．概述

机组振摆保护装置主要指对水轮发电机组主要部件的振动、摆度等信号进行实时采集与处理、特征提取，实现机组振摆值越限告警及机组状态异常越限停机信号输出的电子装置。

按照《智能水电厂智能测控装置技术规范》(GB/T 39627—2020)的要求，智能振摆保护装置应符合 GB/T 28570—2012、GB/T 32584—2016、DL/T 556—2016、DL/T 1197—2023、DL/T 1804—2018 的相关规定，并满足下列要求：①应具备 1 个 MMS 网接口

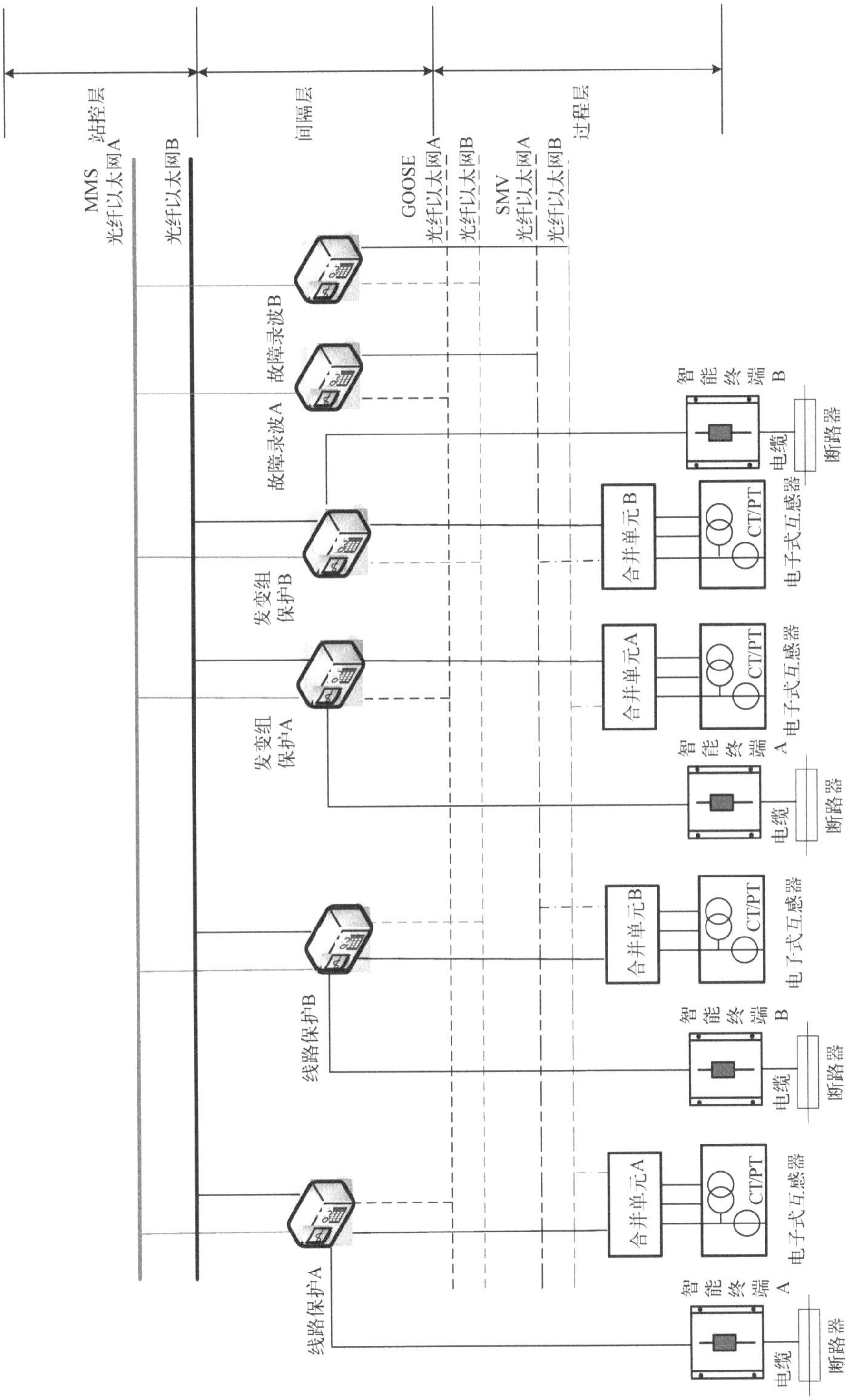

图 4-9 智能保护装置网络结构示意图

和 2 个 GOOSE 网接口；②与一体化管控平台通信时，应采用 MMS 协议；③与智能主控装置、智能终端等智能测控装置通信时，应采用 GOOSE 协议，通信内容宜包括振动、摆度测量特征值、机组工况、各级报警及故障等；④振动、摆度测量功能可采用智能终端实现。

俄罗斯萨扬水电站“8·17”事故(图 4-10)的教训给我国大中型水电厂的安全运行敲响了警钟，基于该事故及国家《关于吸取俄罗斯萨扬水电站事故教训进一步加强水电站安全监督管理的意见》和《防止电力生产重大事故的二十五项重点要求》的水电厂安全运行要求，大中型水电机组应把配置机组振摆保护控制系统作为水电厂安全反措的一项关键技术手段。目前，国内国网新源控股有限公司、华能澜沧江水电股份有限公司等各大电力企业均要求水电厂新建或改造时应配置机组振摆保护装置，以便随时监控机组运行状态，实现机组振摆保护定值超限自动停机功能，及时发现长时间非安全区域运行引起的异常故障征兆，避免严重事故发生，保障其安全稳定运行。

图 4-10 俄罗斯萨扬水电站“8·17”事故现场图

由于机组振摆保护与状态监测设备在可靠性、功能等诸多方面存在明显差异，应该单独配置。表 4-1 所示为机组振摆保护与机组状态监测的主要区别。

表 4-1 机组振摆保护与机组状态监测的主要区别表

项目	机组振摆保护	机组状态监测
设备属性	保护控制设备	监测设备
可靠性要求	高	一般
系统结构	简单	较复杂
功能要求	简单	齐全
电力二次系统安全防护分区	控制区(安全 I 区)	非控制区(安全 II 区)
测点对象	较单一，仅限振动、摆度	较全面，涵盖振动、摆度、压力脉动、气隙、磁通量、局放等
测点数量	少	多

2. 功能及组成

作为安全 I 区的运行设备，智能振摆保护装置用以实现机组运行过程中振摆测值的在线监视、越限告警及机组状态异常越限停机信号自动输出功能，主要由振摆保护终端、振摆保护主控装置和振摆保护传感器组成。典型立式水电机组振摆保护系统架构参见图 4-11。

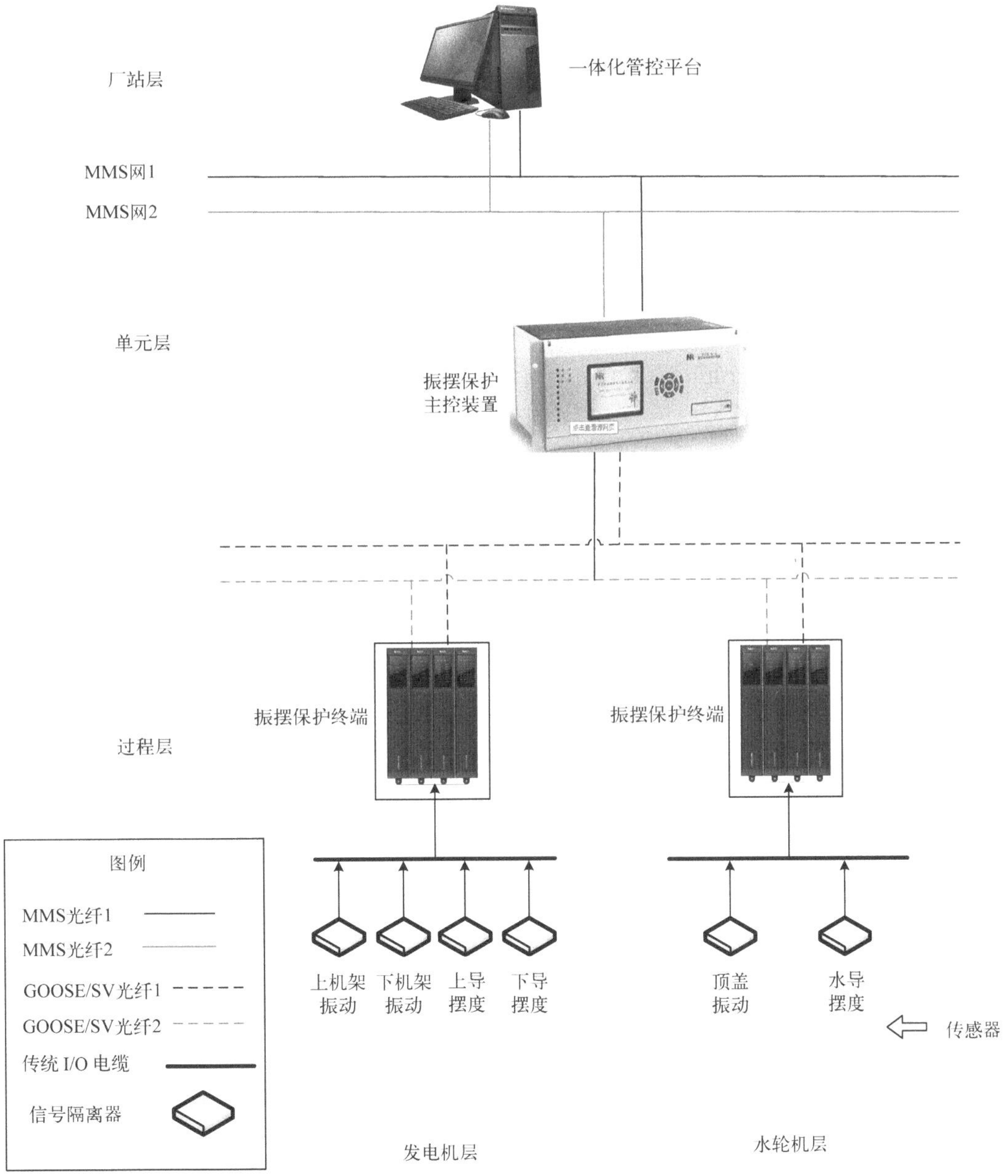

图 4-11　典型立式水电机组振摆保护系统架构设计图

1)振摆保护终端

振摆保护终端可实现振摆传感器原始信号的采集、振摆特征值计算及向过程层GOOSE网的数据发布功能。振摆保护终端处于过程层，通过传统I/O电缆采集振摆传感器的输出信号，并通过过程层GOOSE网将计算后的机组各部位振摆特征值(峰峰值、平均值、有效值)传给振摆保护主控装置。

机组振摆保护主要测点为固定部件的结构振动及主轴摆度，当前阶段，由于完全满足智能水电厂过程层接入要求的智能传感器尚未出现，振摆保护终端仅需支持低频速度传感器、电涡流位移传感器这两类典型振摆传感器信号的接入，未来，振摆保护终端还须具备通过过程层GOOSE网采集智能振摆传感器输出信号的能力。

需要注意的是，对于立式水电机组，基于传感器就近接入原则、尽量缩短传感器信号传输电缆长度、便于传感器前端接线维护及提升信号抗干扰能力的考虑，发电机层及水轮机层宜各自布置一套振摆保护终端，发电机层和水轮机层的传感器就近接入所属的振摆保护终端；对于卧式机组，基于振摆传感器的布置区域均比较集中，可以只布置一套振摆保护终端。

振摆保护终端应采用模块化设计原则，各模块应均可独立工作，其中某一通道、模块的故障不影响其他部分正常工作。

2)振摆保护主控装置

振摆保护主控装置可实现振摆特征值及机组工况信号的采集、测值在线监视、机组工况判断、越限告警及保护停机逻辑计算、异常动作信号及振摆测值输出功能。

振摆保护主控装置处于单元层，保持独立运行，通过过程层GOOSE网获取振摆保护终端采集的机组振摆特征值，以及有功、无功、断路器位置等机组运行工况信号，进行机组当前运行工况判断、振摆越限告警及保护停机算法策略计算，实现机组当前运行状态及振摆测值在线监视，并通过GOOSE网及硬接线向智能主控装置及时发出振摆越限告警或保护跳机信号，由智能主控装置执行“机组振摆保护动作”的负荷调整或解列停机流程(一般不直接动作于出口断路器)；同时，振摆保护主控装置应具备将机组振摆特征值、振摆越限告警及保护跳机信号、设备状态等信息通过单元层和厂站层之间的MMS网传递给安全Ⅰ区的一体化管控平台或计算机监控系统的功能。

振摆保护主控装置应根据不同机组运行工况设置振摆通道的报警定值及延时、停机定值、保护停机逻辑及延时，并支持多点组合，设置时应充分考虑水电机组正常开停机、额定负荷运行、振动区运行、甩负荷等不同运行工况特征。

3)振摆保护传感器

基于传感器安装维护的便利性及数据同源的要求，状态监测宜与振摆保护共用一套振动、摆度传感器，相关信号由传感器先直接上传至振摆保护终端，再由振摆保护终端转送至状态监测系统。由振摆保护终端转送至状态监测系统的信号应满足传感器的性能指标要求和状态监测系统所需信号精度的要求，状态监测系统的故障不应引起振摆保护装置误动。振摆保护传感器的工作电源可由振摆保护终端提供或单独提供。

以立式水电机组为例，智能水电厂的机组智能振摆保护装置所需传感器测点的典型布置如图 4-12 所示。

立式水电机组振摆保护典型测点配置如表 4-2 所示。

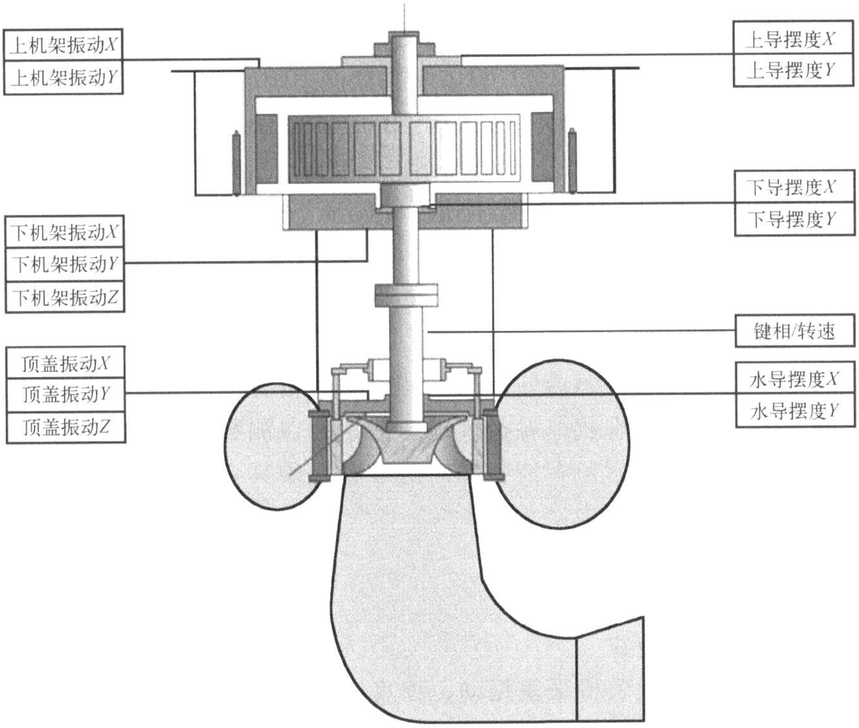

图 4-12　立式水电机组振摆保护测点布置图

表 4-2　立式水电机组振摆保护典型测点配置表

序号	测点接入	测点名称	传感器名称	数量
1	发电机层智能振摆保护终端	上机架水平/垂直振动	低频速度传感器	3
2		下机架水平/垂直振动	低频速度传感器	3
3		上导 X、Y 方向摆度	电涡流位移传感器	2
4		下导 X、Y 方向摆度	电涡流位移传感器	2
5	水轮机层智能振摆保护终端	顶盖水平/垂直振动	低频速度传感器	3
6		水导 X、Y 方向摆度	电涡流位移传感器	2

4.3.10　智能状态监测装置

1. 概述

水电厂设备状态监测主要由水轮发电机组状态监测系统及变电设备在线监测系统组成，通过对振动、摆度、压力脉动等机组状态监测量以及变压器油色谱、GIS 局部放电变电设备某个或多个状态的参数进行自动、实时、连续的监视和测量，来实现水轮发电机组及变电主设备主要部件的运行状态的在线监测、越限告警、专项分析与辅助诊断。

智能水电厂智能状态监测装置主要包括机组状态监测智能装置和变电设备状态监测智能装置，均部署在安全Ⅱ区单元层，主要完成各类设备状态监测传感器信号量的采集与计算、实时监测与告警、现地数据管理和分析试验等功能，并将采集、计算、分析后的各类设备状态监测信息，通过Ⅱ区单元层和厂站层之间的 MMS 网上传给安全Ⅱ区的一体化管控平台。智能状态监测装置与传统水电厂设备状态监测系统的现地状态监测采集分析装置对应，其设备部署及功能的实现应满足 GB/T 28570—2012、DL/T 1197—2023 等水轮发电机组状态在线监测系统和变电设备在线监测系统相关标准对其现地状态监测装置的要求。

按照《智能水电厂智能测控装置技术规范》(GB/T 39627—2020) 的要求，智能状态监测装置应符合 GB/T 28570—2012、GB/T 32584—2016、DL/T 556—2016、DL/T 1197—2023、DL/T 1804—2018 的规定，并满足下列要求：①应具备 1 个 MMS 网接口；②应采用 MMS 协议与一体化管控平台通信。

目前，除定子光纤测温传感器外，尚未有完全满足智能水电厂过程层接入要求的状态监测智能传感器。基于该现状，各类现地智能状态监测装置仍采用传统 I/O 电缆与常规状态监测传感器相连；今后，智能状态监测装置还须具备通过过程层 GOOSE 网采集智能振摆传感器输出信号的能力。

2. 功能及组成

1) 机组状态监测智能装置

机组状态监测智能装置负责采集振动、摆度、压力脉动、空气间隙、磁通量、定子局放、定子测温等机组状态监测量传感器信号。

对于立式水电机组，基于传感器信号接入就地化、信号抗干扰能力提升及前端接线维护便利性的考虑，应在发电机层、水轮机层、尾水层分别布置一套机组状态监测智能装置，机组各部位的状态监测传感器就近接入发电机层、水轮机层和尾水层所属的机组状态监测智能装置；对于卧式水电机组，由于所有状态监测传感器信号均布置于同一水平区域且相对集中，可以只布置一套机组状态监测智能装置。

典型立式水电机组状态监测智能装置系统架构设计参见图 4-13。

需要注意的是，对于安全Ⅰ区振摆保护终端已安装的机组振动、摆度传感器信号，可采取由振摆保护单元的传感器原始信号的缓冲输出或专用信号隔离放大器获取，而不必再单独配置一套振摆传感器。

2) 变电设备状态监测智能装置

智能水电厂变电设备状态监测智能装置负责采集分析各类变电状态监测传感器信号，主要包括智能变压器/电抗器状态监测装置、智能断路器/GIS 状态监测装置及智能电容性设备/避雷器状态监测装置等。智能变压器/电抗器状态监测装置主要负责采集分析油中溶解气体、局部放电以及铁心电流等信号，智能断路器/GIS 状态监测装置主要采集分析 SF_6 气体密度及微水、GIS 室 SF_6 气体泄漏、断路器机械特性、GIS 局部放电等信号，智能电容性设备/避雷器状态监测装置主要采集电容型设备及金属氧化物避雷器绝缘状态参数。

典型智能水电厂变电设备状态监测智能装置系统架构设计参见图 4-14。

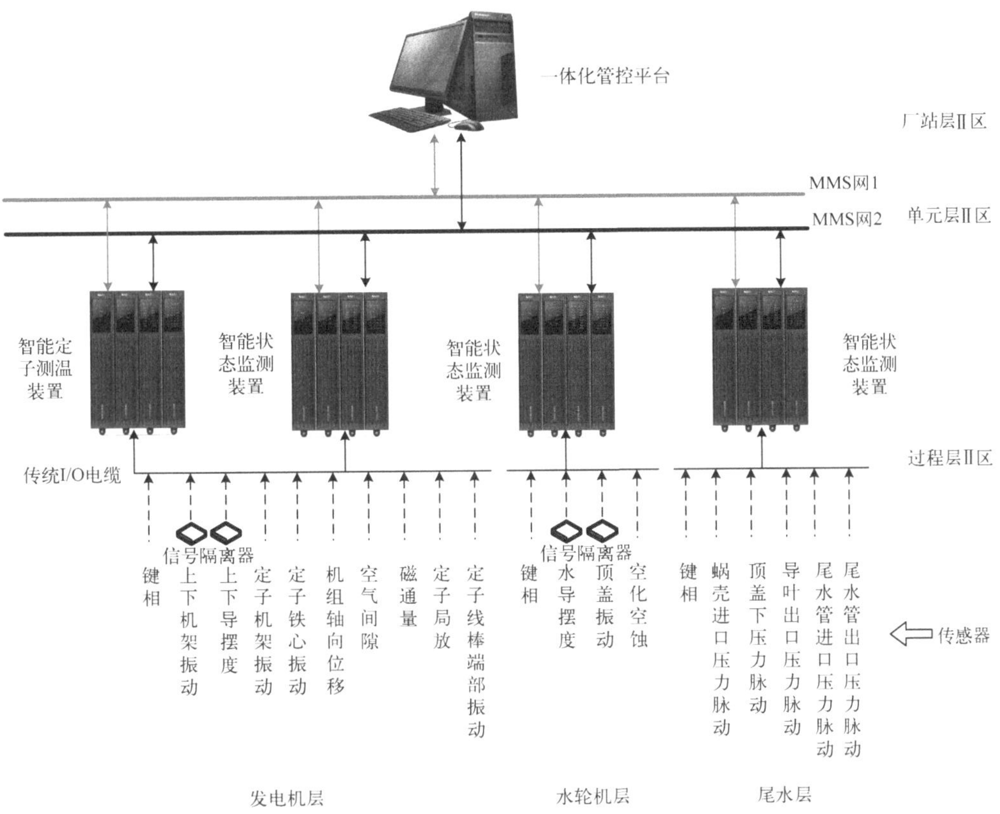

图 4-13　典型立式水电机组状态监测智能装置系统架构图

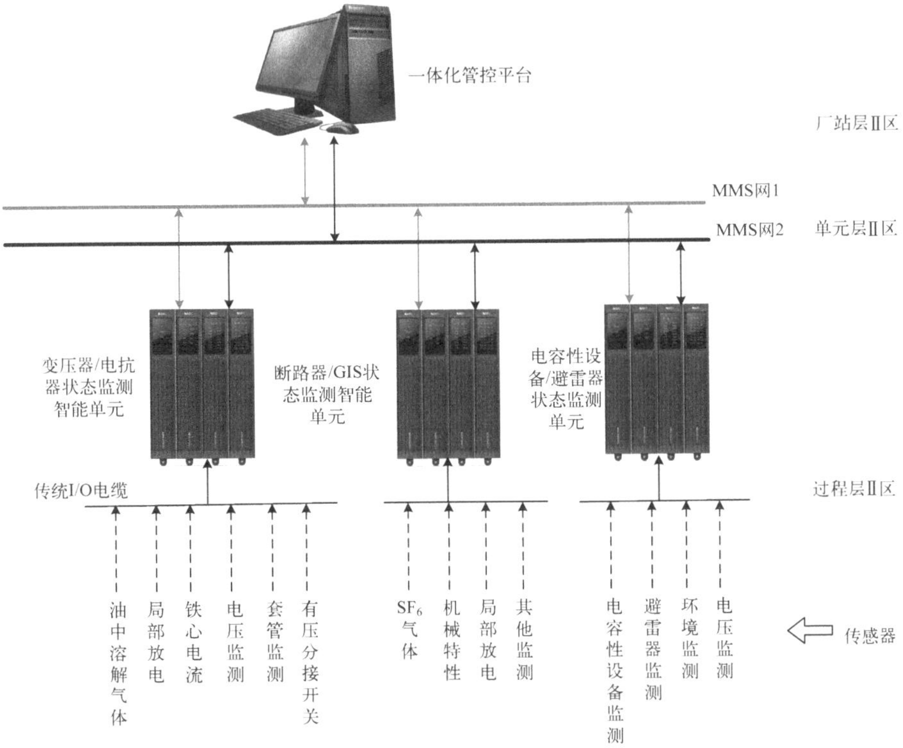

图 4-14　典型智能水电厂变电设备状态监测智能装置系统架构图

3）状态监测传感器测点接入设计

以典型立式水电机组为例，根据测点对象的安装位置，共布置三套机组状态监测智能装置，分别布置于发电机层、水轮机层、尾水层，各层状态监测传感器就近接入上述三套机组状态监测智能装置。推荐的传感器测点、安装位置、传感器配置见表4-3。

表4-3 立式水电机组状态监测传感器测点配置表

序号	测点接入	测点名称	测点数	信号来源	备注
1	发电机层状态监测智能装置	转速（键相）	1	电涡流位移传感器	应选
2		上导轴承 X、Y 方向摆度	2	电涡流位移传感器	应选
3		下导轴承 X、Y 方向摆度	2	电涡流位移传感器	应选
4		上机架 X、Y 方向水平振动	2	电涡流位移传感器	应选
5		上机架 Z 方向垂直振动	1	低频速度传感器	应选
6		下机架 X、Y 方向水平振动	2	低频速度传感器	应选
7		下机架 Z 方向垂直振动	1	低频速度传感器	应选
8		定子机架 X、Y 方向水平振动	2	低频速度传感器	应选
9		定子机架 Z 方向垂直振动	1	低频速度传感器	应选
10		定子铁心水平振动	3	低频速度传感器	应选
11		定子铁心垂直振动	3	低频速度传感器	应选
12		机组轴向位移	1	电涡流位移传感器	应选
13		发电机空气间隙	8	平板电容气隙传感器	应选
14		发电机磁通量	1	平板电容磁通量传感器	应选
15		局部放电	6	局部放电现地监测装置	可选
16		定子线棒端部振动	6	光纤加速度传感器	可选
17		定子光纤测温	1	定子测温智能装置	可选
18	水轮机层状态监测智能装置	转速（键相）	1	电涡流位移传感器	与发电机层共用
19		水导轴承 X、Y 方向摆度	2	电涡流位移传感器	应选
20		水轮机顶盖 X、Y 方向水平振动	2	电涡流位移传感器	应选
21		水轮机顶盖 Z 方向垂直振动	1	电涡流位移传感器	应选
22	尾水层状态监测智能装置	键相	1	电涡流位移传感器	与发电机层共用
23		蜗壳进口压力脉动	1	压力脉动传感器	应选
24		顶盖下压力脉动	1	压力脉动传感器	应选
25		导叶出口压力脉动	1	压力脉动传感器	应选
26		尾水管进口压力脉动	1	压力脉动传感器	应选
27		尾水管出口压力脉动	1	压力脉动传感器	应选

4）单元层状态监测装置功能要求

（1）传感器信号数字化。针对信号类型及处理方法的不同，将传感器模拟信号进行数字化采集转换。

（2）数据分析计算和存储管理。具备现地状态监测数据分析计算、监测告警（特征值计算监测、波形频谱分析等），波形的整周期采集，传感器原始波形数据高保真高压缩，暂态和稳态事件数据记录“黑匣子”事故数据录波追忆等功能。

（3）状态监测数据通过支持DL/T 860标准的MMS网通信上传。将装置采集、计算、分析后的各类设备状态监测信息，通过Ⅱ区单元层和厂站层之间的MMS网上传给安全Ⅱ区的一体化管控平台。

第5章　智能抽蓄网络架构

5.1　概　　述

DL/T 860是我国基于IEC 61850进行本地化和适应性修改后的电力行业标准，专为电力系统中的变电站自动化系统(substation automation system，SAS)制定。IEC 61850由国际电工委员会(International Electrotechnical Commission，IEC)发布，旨在提供一种通用的通信标准，以实现不同制造商设备之间的互操作性和通信。DL/T 860标准的主要特点和技术概述如下。

1)对象模型

DL/T 860提供了一种以对象为基础的建模方法，定义了电力设备及其控制和保护功能的标准数据模型。

这些模型称为逻辑节点(logical node，LN)，每个LN代表一个特定的功能或设备。

2)通信协议

DL/T 860采用了一套基于网络的通信协议，主要基于以太网(Ethernet)。

使用MMS(manufacturing message specification)、GOOSE(generic object oriented substation event)、SV(sampled values)等子协议，满足不同类型的通信需求。

3)互操作性

标准化的数据模型和通信协议使得来自不同制造商的设备能够互相通信和协作。

通过一致配置和工程流程，简化了系统设计、调试和维护。

4)实时性能

DL/T 860强调实时通信，特别是对保护和控制系统中的高优先级数据交换进行了优化。

GOOSE和SV消息提供快速传输机制，以满足保护和控制系统的时间要求。

5)灵活性和可扩展性

标准提供了灵活的配置和扩展能力，可以适应不同规模和复杂程度的系统。

易于添加和更改功能，不会对现有系统造成重大影响。

6)自描述能力

DL/T 860允许设备自描述其功能和数据，通过SCL(substation configuration language)文件实现。

SCL是基于XML的配置语言，用于描述系统的配置和通信参数。

7)支持自愈特性

DL/T 860支持智能化的电网应用，包括自愈、自适应和泛在接入等，提高了电网运行的可靠性和效率。

8)适用范围

DL/T 860不仅适用于变电站自动化系统，还扩展到发电、输电和分布式能源等领域，同时也适用于一系列应用，包括保护、测量、监控和控制等。

9）优势

标准化：实现不同厂商之间设备的互操作性。

高效通信：基于以太网，支持高速数据传输。

实时性：支持高优先级的数据通信，满足实时控制需求。

灵活可扩展：适应不同规模和复杂度的系统。

简化工程流程：统一的配置和描述方式，减少工程和维护成本。

通过 DL/T 860，电力系统变得更加可靠以及智能化、高效化，推动了电力行业现代化发展。

5.2　DL/T 860 网络应用

1.“三层两网”架构

DL/T 860 的体系中，“三层两网”架构是电力系统中自动化系统设计的一种典型模式。该架构旨在提高系统的可靠性、灵活性和扩展性。

1）三层架构

(1)站控层(站控级/管理层)。

功能：负责抽蓄电站的全局管理和控制，包括调度通信、人机交互、数据存储、系统维护和综合监控。

设备：主控计算机、调度通信服务器、人机界面(HMI)、历史数据库等。

作用：管理整个抽蓄电站的运行状态，提供人机交互界面，用于系统监控、数据分析和事故应急处理。

(2)间隔层(间隔级/控制层)。

功能：执行与间隔设备相关的保护、控制和监视功能。

设备：保护装置、测控装置、控制器等。

作用：管理各个间隔设备的具体操作，提供设备状态监测和控制，承担实时数据的采集与传输任务。

(3)过程层(过程级/设备层)。

功能：执行最底层的信号采集和控制，直接与一次设备进行物理连接。

设备：智能终端、合并单元等。

作用：实现对一次设备的实时数据采集和指令执行，确保设备的即时响应和准确控制。

2）两网架构

(1)站控网(站控层网络)。

作用：实现站控层与间隔层之间的通信，负责传送控制指令、操作指令和状态信息。

特点：①高速通信，确保数据传输的及时性和准确性；②高可靠性，采用冗余设计和防护措施，确保网络的稳定运行；③高安全性，防止未经授权的访问和攻击，保障系统数据的安全。

(2) 过程网（过程层网络）。

作用：实现过程层设备之间以及过程层与间隔层之间的通信，主要负责实时数据和控制信号的传输。

特点：①实时性，高频率的数据传输和低延迟，确保实时控制和数据采集的需求；②高可靠性，通常采用冗余网络设计，保障实时数据的准确传输和设备的即时响应；③高抗干扰性，过程层网络需要具备强抗干扰能力，以应对复杂环境中的各种电磁干扰。

3) 具体作用

(1) 提高系统可靠性。

三层和两网架构设计的组合提高了系统的可靠性和冗余性，确保自动化系统在各种工作条件下都能稳定运行。网络冗余设计确保单一故障不会导致整个系统的瘫痪。

(2) 提高系统的灵活性和可扩展性。

通过分层次的设备和功能划分，系统的扩展和升级变得更加便捷，相互之间的影响较小，可以方便地进行局部优化和调整，而不必对整个系统进行大规模的改动。

(3) 数据安全性和网络防护。

站控网和过程网的分离设计提升了系统的安全性，确保管理层和设备层的数据与控制信号不会相互干扰，提高系统整体的抗攻击能力。

(4) 实现高效的系统管理和维护。

分层架构使得抽蓄电站自动化系统的管理和维护更加清晰与精准。不同层级负责不同的管理任务，使得系统的维护和故障排查工作更加高效。

“三层两网”架构在 DL/T 860 中的应用示例，可以显著提升抽蓄电站自动化系统的运行效率、可靠性和安全性。通过采用这种架构，现代化的抽蓄电站能够更好地应对各种复杂的工况和运营需求。

2. 解析过程层网络替代传统 I/O 电缆

DL/T 860 中的过程层网络的设计目标之一，是替代传统 I/O 电缆，从而提高系统的灵活性、可靠性和数据传输的效率。

1) 过程层网络概述

过程层网络位于抽蓄电站自动化的最底层，主要用于连接一次设备（如断路器、开关等）及其二次设备（如智能终端、保护装置等）。传统方式下，这些设备之间通过大量的 I/O 电缆进行连接。而引入过程层网络后，这些设备间的连接主要通过网络通信来实现。

2) 替代 I/O 电缆的方式

(1) 智能终端。

智能终端（如智能电流电压互感器、合并单元等）直接连接一次设备，并通过过程层网络与其他设备通信。这些装置负责实时采集一次设备的数据（如电流、电压等），并将其数字化，传输到过程层网络中。

(2) 合并单元。

合并单元是关键组件，它将来自一次设备的模拟信号转换为数字信号，并通过网络传输到保护测控装置。合并单元能够采集多个传感器的信号并合并在一起，通过过程层网络发送到相应的二次设备。

(3)数字通信协议(如 DL/T 860)。

DL/T 860 规范了抽蓄电站的通信协议，定义了对象模型和服务接口，实现了设备间的互操作性。利用 DL/T 860，过程层网络可以通过 GOOSE 和 SV 等机制实现高效的数据传输，替代了传统的硬接线方式。

GOOSE：允许设备之间快速交换事件信息，如断路器状态的变化，实时性极高。

SV：用于传输采样数据，如电流、电压值，保证数据的实时性和同步性。

3)优势分析

(1)减少布线复杂度。

传统 I/O 电缆需要大量的物理连接，布线复杂且维护困难。过程层网络利用标准化的数字通信接口，一根网络电缆可以传输多个信号，从而大大减少了布线的复杂性和物理电缆的数量。

(2)提高数据传输的实时性和可靠性。

过程层网络通过高带宽、低延迟的数字通信方式，可以更快速、可靠地传递数据和信号，减小了电磁干扰和信号衰减的风险。

(3)便于扩展和维护。

数字网络的扩展性和灵活性使得设备的添加、替换和维护变得更加简单。通过过程层网络，可以方便地进行设备的配置和重新部署，而不需要对布线系统进行大规模改造。

(4)实现同步和统一管理。

通过网络通信，所有设备的数据可以更容易实现同步，并集中到统一的管理平台进行监控和调度。这提高了系统的整体管理效率和响应能力。

4)抽蓄应用实例

抽蓄电站典型二次核心系统包括监控系统与调速、励磁、SFC 等二次系统之间通过 DL/T 860 网络形成完整的全厂自动化系统的数字化转型，如图 5-1 所示。

过程层网络通过标准化的数字通信协议和智能终端，彻底改变了传统 I/O 电缆的连接方式。它不仅提升了系统的实时性、可靠性和灵活性，还显著降低了布线和维护的复杂度。在 DL/T 860 的指导下，过程层网络替代 I/O 电缆已成为现代抽蓄电站自动化系统发展的重要趋势。

5.3　物联网应用

随着能源互联网生态的不断发展以及新型电力系统建设深入推进，整个行业依托物联网(internet of things，IoT)、人工智能(artificial intelligence，AI)、5G 和数据科学等新技术，在信息全局共享、应用快速迭代、远程智能运维等方面不断推陈出新，为发电企业变革赋能。与传统互联网相比，物联网是“万物沟通”的具有全面感知、可靠传输、智能处理三大典型特征的连接物理世界的网络，实现了任何时间、任何地点与任何物体的连接，可以帮助电站人员与物理设备的有机结合，使电站人员可以以更加精细和动态的方式管理生产和生活，达到“智慧”状态，从而提高资源利用率和生产力水平。

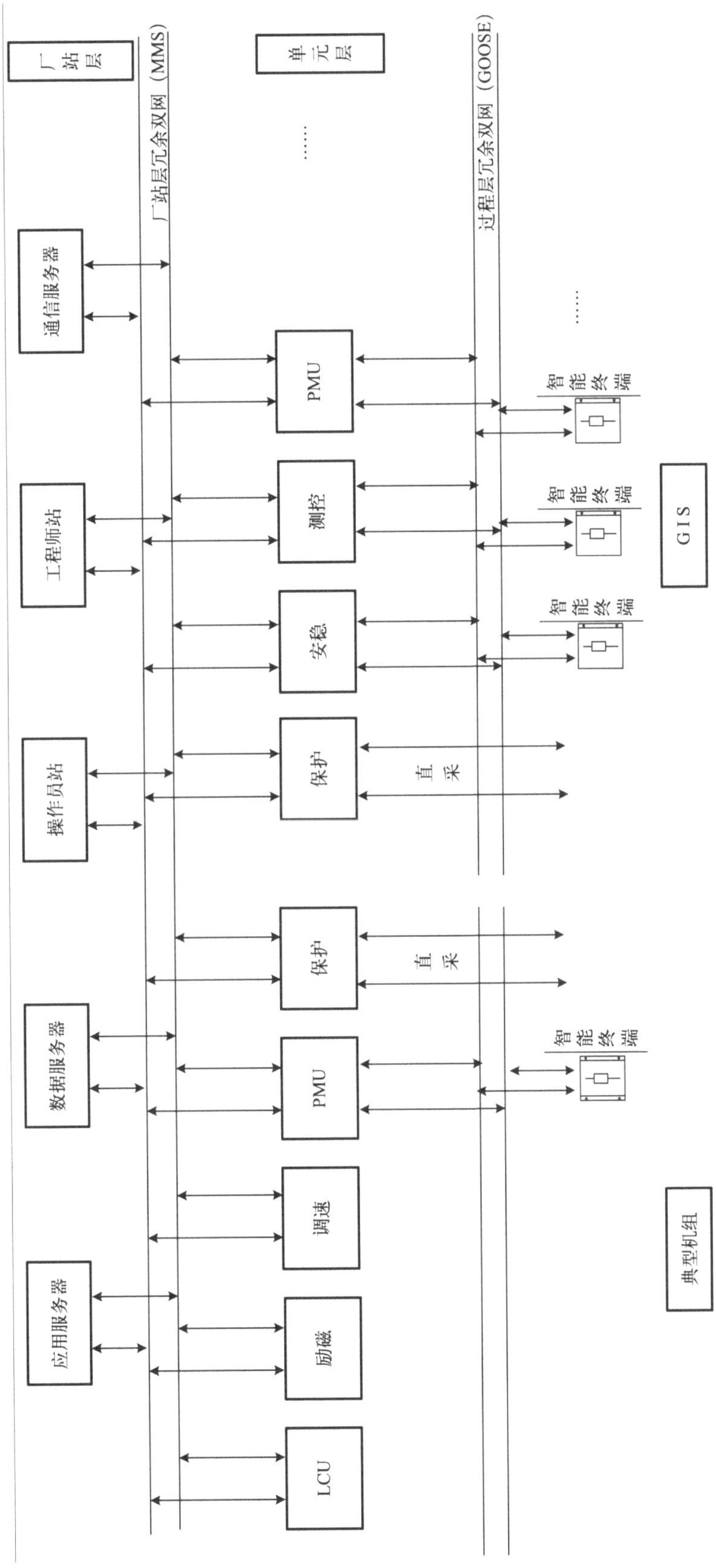

图 5-1　抽蓄电站二次核心系统

当前，物联网已正式列为国家重点发展的战略性新兴产业之一。2011 年 11 月 28 日，中国的第一个物联网五年规划——《物联网“十二五”发展规划》由工业和信息化部颁布，规划提出了 9 大重点领域应用示范工程，分别是智能工业、智能农业、智能物流、智能交通、智能电网、智能环保、智能安防、智能医疗、智能家居。其中，智能电网是指在发电、输电、配电、用电等环节应用以物联网为主的新技术，实现用电的优化配置、节能减排。抽蓄电厂是智能电网的重要组成部分，也是物联网的重要应用领域，抽蓄电厂组成部分众多，包括水轮机、发电机、变压器、大坝、闸门及各种水工建筑物，以及对上述组成进行控制、测量、监视、保护的大量自动化元件和设备，其通过对抽蓄电厂设施、设备及人员的精细化运行、集约化整合、智能化管理，能够准确、全面、实时感知设备的运行状态信息及人员相关信息，实现电厂的物和物以及人和物的互联互通，即实现物联网。

数据是物联网的血液，而分析是数据的灵魂，运用物联网技术搭建数据采集网络，通过专业分析实现智能分析，进而可实现数字抽蓄。

5.3.1　基本概念

物联网是指通过感知层传感设备，按照一定的协议，将相关的物品通过不同的网络连接起来，再通过传输层将数据收集汇总，上传到应用层，应用层分析解析数据以进行数据的交互与通信，实现智能监测、智能传输、智能控制、智能跟踪和智能管理的网络。物联网具有全面感知、可靠传输和智能处理的特点。

物联网系统是指利用物联网技术进行数据感知、信息传输和应用管理，以提供有效信息，从而进行资产管理、远程监测、远程控制的系统，旨在提高城市服务质量、提升人民生活水平、降低生产管理成本、改善环境等。

物联网关是支持感知控制系统与其他系统互联，并实现感知控制域本地管理的实体，具备网络接入、协议转换、地址映射、数据处理、信息关联、安全防护、设备管理等功能，且功能可配置。

物模型是从属性、服务和时间三方面，对控制对象或感知对象的特征信息、服务能力进行描述的数据模型。

物联终端是一种能够对电力设备或环境的状态进行感知，并具有简单数据处理、通信、人机交互等全部或部分功能的专用装置，包括智能传感器、智能业务终端、采集控制终端等，如涉控、涉敏和一般终端。涉控终端指涉及物联器件控制的电力物联终端，视频摄像头的控制、物联终端运行参数修改等操作不属于涉控范围。涉敏终端指涉及传输线路和设备参数、地理位置信息等敏感信息的电力物联终端，涉敏终端的安全防护措施参照涉控终端。常见的涉控、涉敏终端有空调控制终端、通风除湿控制终端、电机控制器、无人机、巡检机器人等。一般终端指除涉控、涉敏终端外的电力物联终端，如温/湿度传感器、水浸/水位传感器、形变传感器、避雷器泄漏电流传感器、局部放电传感器、电流传感器、气象传感器、架空线路摄像头等。

物联管理平台是连接感知层设备与企业中台或相关业务系统，提供资源配置、数据汇聚、基础管理功能的信息系统，支持连接管理、网络管理、设备管理、用户管理等功能。

边缘物联代理是指对各类智能传感器、智能业务终端进行统一接入、数据解析和实时计算的装置或组件，实现对多种通信方式和协议规约的适配。边缘物联网代理与物联管理平台双向互联，部署在边缘侧，实现跨专业数据就地集成共享、云边协同业务处理。

边缘计算框架是指运行在电力物联网边缘物联代理上的基础平台软件，负责与物联管理平台进行业务和管理数据交互，实现对边缘侧的管理以及数据的采集、存储和分析功能，支撑各类型终端的标准化接入。

5.3.2　技术支撑

1）无线传感器网络

无线传感器网络（wireless sensor network，WSN）一般由在空间分布的独立网络节点组成。网络节点内置传感器，用来监控节点的物理信号或环境条件，如温度、声音、振动、压力、运动或污染物等。每个节点通常带有无线电收发器或其他无线通信设备，从而把传感数据传输给数据库和其他用户。无线传感器网络可以用于数据收集（data collection）、目标跟踪（object tracking）以及报警监控（alarm monitoring）等。在保证信息安全的前提下，数字抽蓄电站宜利用 ZigBee、LoRa 等物联网技术构建非控制区、管理信息大区的低成本、低功耗的无线传感器网络，实现对设备及建筑物状态信息的全面感知。

2）异构通信网络

随着 5G、NB-IoT 等无线通信技术的发展，物联网技术在高速通信、低功耗方面进步显著，无线节点的部署更趋于方便，无线网络构建及运维成本得以降低，增强了物联网在各行业的适用性。数字抽蓄电站需要高性能、低成本的通信网络的支撑，应实现厂内以及流域内通信网络的无缝连接。因此，可利用基于物联网的无线传感器网络、无线局域网、无线通信广域网等完成非控制区、管理信息大区甚至全流域的无线网络覆盖。无线网络具有自愈能力，即在某一条通信线路中断的情况下能自动寻找并切换到其他通信线路，无须人为干预。通过多种工作模式的无线通信网络、多介质多接口的有线通信网络等异构网络的融合，为数字抽蓄电站构建无缝切换、高服务质量（quality of service，QoS）、高可靠性的互联互通网络提供支撑。

3）网络架构

物联网作为抽蓄电站设备信息采集感知的一种重要手段，目前已经形成成熟的应用体系，即应用于抽蓄电厂的智慧物联体系。根据《电力行业网络安全等级保护管理办法》，物联网作为抽蓄电站的一个业务应用，也需要满足行业信息安全等级保护要求，因此在进行物联网设计时，需要着重对安全方面进行相应设计。

抽蓄电站物联网应用一般采用“云管边端”的方式进行系统搭建，其中“云”是指部署在公有云或私有云上的物联管理平台及其支撑的上层应用；“管”是指各类远程通信网络，完成设备接入；“边”是指部署在区域现场，具备边缘计算能力的智能设备，即边缘物联代理；“端”是指部署在物联网感知层本地网络中的传感终端，对应终端防护层，如图 5-2 所示。

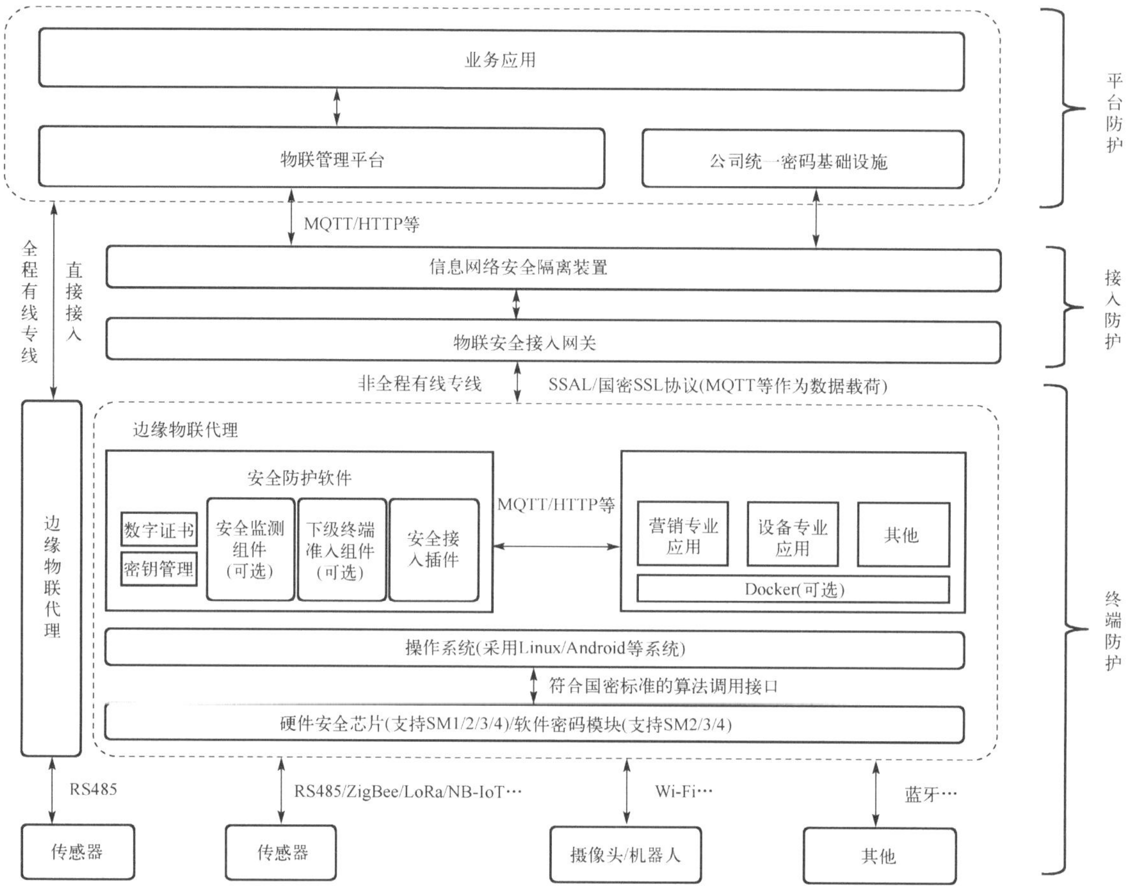

图 5-2　智慧物联体系总体架构

典型应用案例：抽蓄电站是一个庞大的电力生态系统。维持电站运行需要不同地点、不同环境下的设备协同稳定运行，且不同地点的运行环境和侧重点均有不同的要求，因此对这些环境状态的监测尤为重要，如廊道等地方氧含量监测、高压气机室噪声监测等。物联网作为一项成熟的技术，已在抽蓄电站有大量应用案例，本节以高压气机室噪声和机房的环境监测为例，进行物联网应用介绍，如图 5-3 所示。

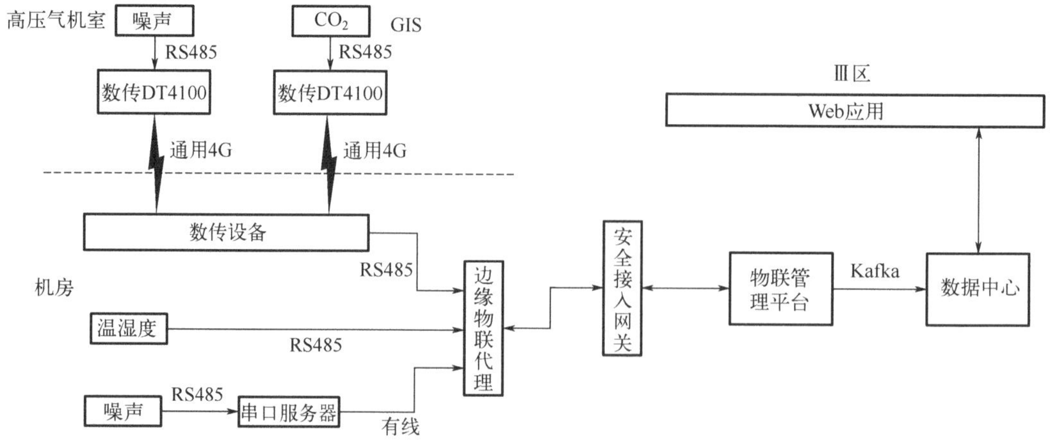

图 5-3　数据汇总

扬尘来源主要是抽蓄电站的施工及堆料等过程产生的尘土。在不利条件下，这些颗粒物就会进入相对封闭的室内，造成空气质量下降。抽蓄电站的现地机房一般在地底隧洞中，通常配备新风系统和送风系统来保证空气含氧量，但二氧化碳等气体含量监测也尤为重要。通过现地部署传感器，以有线和无线方式采集数据并汇聚至智能终端，经由网关上传至平台，通过云平台收集数据进行汇总分析，为工程人员提供数据支持。

5.4　信息安全防护配置要求

随着通信技术和网络技术的不断发展，接入国家电力调度数据网的电力控制系统日益增多。特别是电力改革的推进和电力市场的建立，调度中心、电厂和用户之间的数据交换需求越发频繁。电力一次设备的持续改进增强了其可控性能，使其能够满足闭环控制的要求。为了优化人员配置，提升运维效率，电厂和抽蓄电站大量采用远方控制技术，这对电力控制系统和数据网络的安全性、可靠性、实时性提出了更高的要求，同时也带来了新的严峻挑战。

另外，因特网技术已得到广泛使用，E-mail、Web 和 PC 的应用也日益普及，但与此同时，病毒和黑客活动也日益猖獗。然而，目前仍有一些调度中心、发电厂和抽蓄电站在规划、设计与建设控制系统及数据网络时，对网络安全问题缺乏足够的重视。这导致一些具有实时远方控制功能的监控系统在未进行有效安全隔离的情况下与当地的 MIS 系统或其他数据网络互连，给电网的安全运行带来了严重隐患。国家电网有限公司平均每天遭受数千次恶意网络攻击，其监控系统安全威胁始终存在，网络信息安全形势日益严峻。

根据《电力监控系统安全防护规定》《电力行业网络与信息安全管理办法》《电力行业网络安全等级保护管理办法》等由国家发展和改革委员会、国家能源局印发的电力监控系统安全防护总体方案等配套文件要求，基于可信计算技术建立安全免疫机制。在监控系统安全防护工作中，应当严格执行国家信息安全等级保护制度，坚持“安全分区、网络专用、横向隔离、纵向认证”的原则，以实现“外部侵入有效隔断、外力干扰有效隔离、内部介入有效遏制、安全风险有效管控”的电力监控系统安全防护目标。

5.4.1　系统结构

数字抽蓄电站的信息安全防护是指对水电站的监控系统及信息系统进行全面保护，也应遵循“安全分区、网络专用、横向隔离、纵向认证”的总体防护原则，针对抽蓄电厂电力监控系统，重点强化边界防护，提升内网安全监视水平，规范网络设备、主机设备、安防设备等配置要求，健全网络安全运行机制，保障抽蓄电厂电力监控系统及信息数据安全。

电力生产企业、电网企业、供电企业内部基于计算机和网络技术的业务系统，原则上划分为生产控制大区和管理信息大区，其中，生产控制大区又可以分为控制区（又称安全Ⅰ区）和非控制区（又称安全Ⅱ区），安全分区如图 5-4 所示。

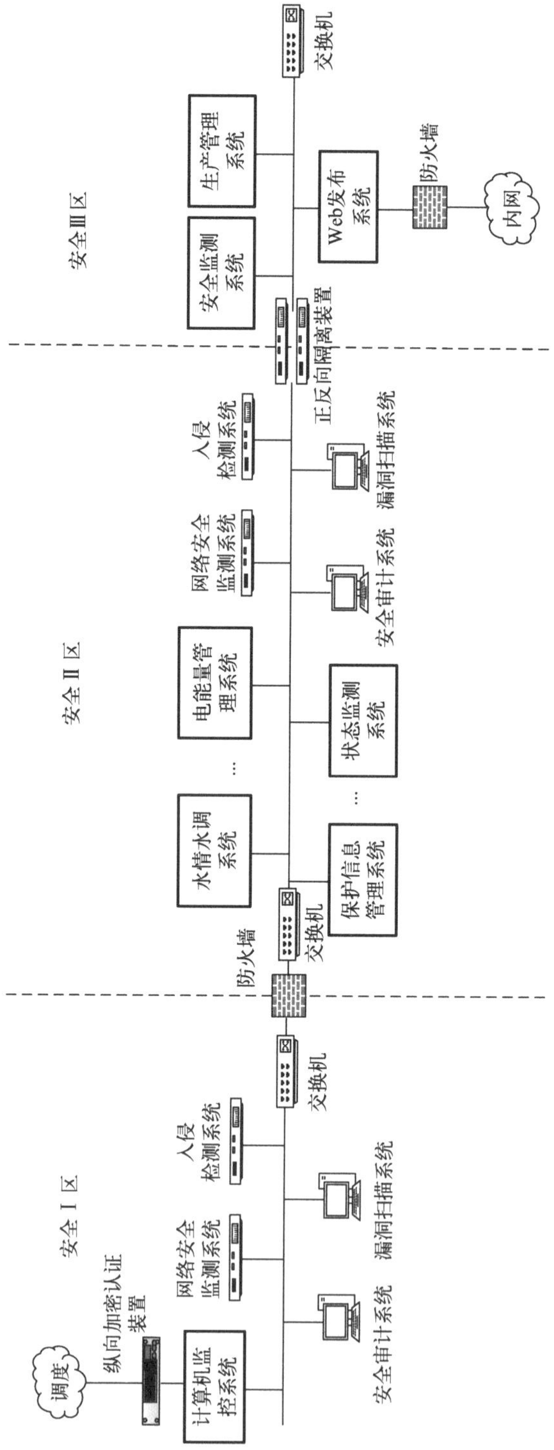
安全Ⅰ区
安全Ⅱ区
安全Ⅲ区
调度
纵向加密认证装置
计算机监控系统
网络安全监测系统
入侵检测系统
安全审计系统
漏洞扫描系统
交换机
防火墙
交换机
水情水调系统
电能量管理系统
保护信息管理系统
状态监测系统
网络安全监测系统
入侵检测系统
安全审计系统
漏洞扫描系统
正反向隔离装置
安全监测系统
生产管理系统
Web发布系统
防火墙
内网
交换机

图 5-4　安全分区示意图

1) 安全Ⅰ区(控制区)

安全Ⅰ区的典型系统包括计算机监控系统,其主要使用者为调度员和运行操作人员,数据实时性为秒级或毫秒级,外部边界的通信经由电力调度数据网的实时子网和专用通道。该区中还包括采用专用通道的控制系统,如继电保护、安全自动控制系统、低频/低压自动减载系统、负荷管理系统等,这类系统对数据通信的实时性要求为毫秒级或秒级,其中负荷管理系统为分钟级。安全Ⅰ区含有电力监控系统中最为关键的系统部分,是安全防护的重点和核心,安全等级最高。

2) 安全Ⅱ区(非控制区)

安全Ⅱ区中的业务系统或功能模块的典型特征为,所实现的功能是电力生产的必要环节,但不具备控制功能,使用电力调度数据网络,在线运行,与安全Ⅰ区中的系统或功能模块联系紧密。

安全Ⅱ区的典型系统包括水情水调系统、保护信息管理系统、状态监测系统、电能量管理系统等,其面向的主要使用者分别为电力调度员、水电调度员、继电保护人员及电力市场交易员等。安全Ⅱ区的数据采集频度是分钟级、小时级,其外部通信边界为电力调度数据网的非实时子网。

3) 安全Ⅲ区(管理信息大区)

管理信息大区为生产管理区,包括生产管理系统、Web 发布系统、安全监测系统等,支持抽蓄电厂的日常办公和生产管理活动,这些系统包括生产管理信息系统、设备检修管理系统、防汛信息系统等。管理信息大区在数字电站中发挥着至关重要的作用,它不仅是电站的管理和运营中心,还是电站与外部环境进行信息交互和共享的枢纽,为数字化电站提供了一个集中、高效、智能的运行管理平台,实现对电站运行过程的全面监控、控制和优化,为电站的安全、稳定和高效运行提供有力保障。

4) 网络专用

网络专用主要指的是为满足水电站信息安全防护的需求,设计和采用专用的网络架构和通信协议,提升其信息系统的安全防护能力,以确保水电站的信息系统能够安全、可靠、高效地运行。

电力调度数据网是厂站端生产控制大区与调度机构相连的专用数据网络,为电力调度生产、电力市场交易运营以及运行管理等提供数据传输和交换服务。电力调度数据网的特点在于其专用性和实时性。作为专用数据网络,它与其他网络及外部公共信息网实现了物理隔离,确保了数据传输的安全性和可靠性。电力调度数据网应当分为逻辑隔离的实时子网和非实时子网,用于与控制区和非控制区相连接。

调度数据网未覆盖的监控网络数据传输应优先采用电力专用通信网络,若无法采用,则可采取公用通信网络或无线网络等方式,但需设立安全接入区,并采取单向认证、访问控制、加密、安全隔离等安全措施。

5) 横向隔离

横向隔离的目的是使不同区的终端不能互相直接访问,以加强数据传输控制,保障安全防护,可应用于安全区之间或者相同安全区的不同安全等级之间。

电力系统生产控制大区(安全Ⅰ区、安全Ⅱ区)与管理信息大区网络之间应使用强逻辑隔离技术手段进行防护，必须设置由国家规定的电力系统专用单向横向安全隔离装置，其强度应达到或者接近物理隔离，是生产控制大区与管理信息大区间必备的边界防护措施。隔离装置的主要特点在于其单向传输功能，数据仅能在单一方向上传输，而无法反向传输。这样的设计有助于防止恶意代码或攻击者通过网络进行非法访问或数据窃取。

隔离装置分为正向隔离装置和反向隔离装置，具体来说，生产控制大区向管理信息大区之间的数据传输需使用正向隔离装置。正向隔离装置只允许数据从生产控制大区流向管理信息大区，而反向隔离装置则只允许数据从管理信息大区流向生产控制大区，有效阻止了反向的数据传输。反向隔离装置采用了签名认证和数据过滤措施，仅允许纯文本数据通过，并严格防范病毒、木马等恶意代码。正反向隔离装置确保了生产控制大区的敏感数据不会被非法访问或泄露，防止管理信息大区的潜在风险影响到生产控制大区的稳定运行。

在生产控制大区中，控制区（安全Ⅰ区）与非控制区（安全Ⅱ区）之间需实现逻辑隔离，采用具有访问控制功能的防火墙安全措施。生产控制大区内部的所有业务系统之间需部署防火墙设备，从而阻止各区域或业务之间的入侵攻击、非法越级访问等。

6）纵向认证

生产控制大区接入调度数据网时，须采用纵向加密认证装置或者加密认证网关及相应设施，实现网络层双向身份认证、数据加密和访问控制。安全接入区内纵向通信应采用基于非对称密钥技术的单向认证等安全措施，重要业务可采用双向认证。

纵向加密认证装置及加密认证网关用于生产控制大区的广域网边界防护。纵向加密认证装置为广域网通信提供了认证及加密功能，实现了数据传输的机密性、完整性保护，同时具有类似防火墙功能的安全过滤功能。

处于外部网络边界的通信网关的操作系统应进行安全加固。根据具体业务的重要程度及信息的敏感程度，应该对生产控制大区的外部通信网关增加加密、认证和过滤的功能。

传统的基于专用通道的通信不涉及网络安全问题，可采用线路加密、身份认证等技术保护关键业务。

5.4.2 基本功能

1. 生产控制大区与管理信息大区之间的边界防护

生产控制大区与管理信息大区之间必须采取物理隔离装置，部署经国家指定部门检测认证的电力专用单向隔离装置。信息由生产控制大区传输到管理信息大区必须经过正向隔离装置，这种装置只允许数据从生产控制大区传输到管理信息大区，而禁止反向传输。这样，即使管理信息大区受到攻击，攻击者也无法通过该装置获取生产控制大区的敏感数据。

2. 安全Ⅰ区和安全Ⅱ区之间的边界防护

生产控制大区可分为安全Ⅰ区和安全Ⅱ区，两者之间的数据通信采取逻辑隔离措施，在逻辑隔离措施方面，通常会采用经有关部门认定核准的硬件防火墙或相关设备进行逻辑隔离。这些设备能够监控和控制网络流量，通过配置防火墙规则来限制两个安全区之间的通信。例如，可以设置只允许特定端口和协议的通信，同时禁止其他所有的访问。

3. 系统间安全防护

同属于安全Ⅰ区的各机组监控系统之间、机组监控系统与控制系统之间、同一机组的不同功能的监控系统之间，尤其是机组监控系统与输变电部分控制系统之间，根据需要可以采取一定强度的逻辑访问控制措施，如防火墙、VLAN 等第三方边界防护。

同属于安全Ⅱ区的各系统之间、各不同位置的厂站网络之间，或同属于管理信息大区的各系统之间、各不同位置的厂站网络之间，根据需要可以采取一定强度的逻辑访问控制措施，如防火墙、VLAN 等。

4. 纵向边界防护

生产控制大区生产系统与调度端系统通过电力调度数据网进行远程通信时，应当采用认证、加密、访问控制等技术措施，以实现数据的远方安全传输以及纵向边界的安全防护。认证技术用于验证通信双方的身份，确保只有合法的用户或系统能够参与通信。加密技术则用于保护数据的机密性和完整性。访问控制技术用于限制对数据的访问权限。抽蓄电厂的纵向连接处应当设置经过国家指定部门检测认证的电力专用纵向加密认证装置或者加密认证网关及相应设施，与调度端实现双向身份认证、数据加密和访问控制。

5. 第三方边界防护

由于生产控制大区是抽蓄电厂的核心区域，负责监控和控制电厂的运行，因此其安全性要求极高。当该区域需要与环保、安全等政府部门进行数据传输时，必须采取与生产控制大区与管理信息大区之间相同级别的安全防护措施。

禁止设备生产厂商或其他外部企业(单位)远程直接连接生产控制大区中的业务系统及设备。这是因为远程直接连接可能带来未知的安全风险，如恶意攻击、数据泄露等。

禁止无安全措施的拨号访问维护。拨号访问维护虽然方便，但由于其通信协议和加密措施可能不够安全，容易受到攻击和窃取信息。

6. 其他综合安全防护

1)入侵检测

入侵检测是指对计算机或网络资源的恶意企图和行为进行识别，并对此做出响应和处理的过程。它是检测和响应计算机误用的学科，其作用包括威慑、检测、响应、损失情况评估、攻击预测和起诉支持。入侵检测系统则是指进行入侵检测的软件和软件配置环境相关硬件的集合。

入侵检测的原理主要基于实时入侵检测和事后入侵检测。实时入侵检测在网络连接的条件下，根据用户的历史行为模型、神经网络模型以及存储在计算机中的专家知识对当前的系统进行判断，一旦发现可疑行为，会立即断开可疑对象发起者与主机的连接，并收集相关证据实施数据恢复。事后入侵检测侧重于取证分析、攻击溯源和漏洞修复。

在网络攻击或异常行为发生后，事后入侵检测通过分析系统日志、审计数据、流量记录等信息，识别并追溯入侵行为的技术手段。入侵检测技术在网络安全中有广泛的应用场景，如企业内部网络安全、金融领域安全、云计算环境安全以及工业控制系统安全等。当检测到潜在的网络入侵时，入侵检测系统会生成警报，通知安全人员或采取相应措施。

对于水电站信息安全防护，入侵检测是电力监控系统安全防护的重要技术措施。通过在生产控制大区和管理信息大区横向、纵向网络边界部署入侵检测系统，可以实时监控关键业务系统和网络边界的关键路径信息，实现安全事件的可发现、可追踪、可审计。生产控制大区可统一部署一套入侵检测系统，但不能与管理信息大区共用一套入侵检测系统。

2)漏洞扫描

漏洞扫描是通过扫描等手段对指定的远程或者本地计算机系统的安全脆弱性进行检测，发现可利用漏洞的一种安全检测行为。漏洞扫描系统对网络中所有设备及相关协议服务进行实践性扫描、分析和评估，检测与分析系统中存在的安全弱点和漏洞，评估安全风险，建议补救措施。系统管理员应根据安全评估报告的结果进行整改，及时安装升级包、补丁包，或者修改防火墙和隔离设备的访问控制规则，以避免黑客利用系统安全漏洞进行攻击。

系统上线运行前应对系统进行安全性检测以及源代码的漏洞检测。漏洞扫描工具需定期对系统漏洞进行扫描，漏洞库应当及时更新，对于扫描出的漏洞应及时进行处理。

3)主机加固

防火墙、入侵检测装置等网络安全产品分别解决了当前网络系统的一些问题，但由于这些安全产品大多独立于应用系统之外，并不能完全防护外部的入侵行为，也不能防止内部用户的破坏行为。而且，通过渗透攻击，黑客最终将获得服务器系统管理员的权限，基于网络的安全产品将不再起作用。因此，在主机内部实施防护，提高操作系统、应用程序、数据库的安全性是保证核心数据安全的必要手段。系统应进行安全加固，关闭非必需的服务，设置关键配置文件的访问权限，开启系统的日志审计功能。

计算机监控系统的安全级别最高，按照计算机安全等级保护相关要求，应将其关键节点(包括调度通信服务器、数据库及应用服务器、操作员工作站)的操作系统安全级别提升到 B1 级(强制存取控制级)。

4)安全审计

专用横向物理隔离装置、防火墙、入侵检测、防病毒系统等二次系统安全防护设备都有其运行工况和系统安全状况的日志。为方便运行维护人员分析、判断、预防和及时响应处理系统的安全事件，生产控制大区应建立安全审计管理平台，完成全面的日志分析、告警和综合安全管理。

安全审计管理平台通过 SNMP 协议或 SYSLOG 等方式获取生产控制大区安全设备、集控数据网络设备的安全事件信息，对网络安全事件信息进行集中分析、过滤、处理、保存。合理的事件配置可以为管理人员提供及时、可靠的告警，实现全网的实时安全检测，清晰的记录可为安全审计提供有力的支持，统一标准化的管理功能可有效地整合生产控制大区的安全防护体系，衔接安全技术和安全管理，从全局高度维护网络的安全性。

管理信息大区应部署一套安全审计系统，实现安全审计功能，能够对操作系统、数据库、业务应用的重要操作进行记录、分析，及时发现各种违规行为以及病毒和黑客的攻击行为。

第 6 章　生产数据中心

6.1　概　　述

随着数字化、网络化、智能化技术的飞速发展，抽蓄电站的生产管理已不再局限于传统的监控与维护，而是向着高度自动化、智能化方向迈进。生产数据中心作为这一转型的基石，通过整合大数据分析、云计算、人工智能等先进技术，为抽蓄电站的高效、安全、经济运行提供强大的技术支撑，扮演着越来越重要的角色。

生产数据中心是指在抽水蓄能电站中用于集中处理、存储和分发生产数据的平台。它的主要功能包括数据采集与存储、数据交换与共享，以及数据服务与应用。数据中心能够实现对电站运行状态的实时监控，为电站的运行、维护、故障诊断和优化提供数据支持。当前生产数据中心主要对以下几项内容进行研究：通过研究物联网技术，实现实时数据传输，增强设备间的互联互通，提升响应速度；通过研究云计算，为生产数据中心提供弹性的计算资源，加速数据处理，支持远程监控与管理；通过研究大数据分析和机器学习，处理海量数据，发现隐含模式，优化运行参数，预测蓄能需求、设备故障，实现预防性维护。

现有抽水蓄能电站已构建集中监控、大坝安全监测等许多面向各类业务应用的自动化系统，以及生产管理信息系统和各类决策支持系统。若采用独立构建各自系统的方式，则将导致各类自动化系统及管理信息类系统接口不一致，使得系统的整体性和协调性不足，各类业务应用之间数据信息共享困难，业务流程之间无法形成有效互动，无法满足电厂集约化生产运行管理的需求。通过建立生产数据中心实现数据的融合管理，解决业务系统各自孤立、管控困难、维护复杂、智能决策水平差以及重复投资等问题。生产数据中心是抽蓄电站智能化升级的关键环节，它通常由以下几个部分组成。

数据采集层：部署在电站各处的传感器与监测设备，实时收集运行状态、环境参数等数据，为后续分析提供基础信息。

数据处理与存储层：运用大数据技术，对采集来的数据进行清洗、整合与存储，构建起电站运行的数字镜像。

分析与决策支持层：利用先进的分析算法，对数据进行深入挖掘，识别运行效率瓶颈，预测设备维护需求，优化调度策略，实现精细化管理。

可视化展示与交互层：通过图表、三维模型等形式，直观展示电站运行状况，便于管理者快速掌握全局，做出决策。

6.2　软 件 结 构

在能源互联网时代，抽水蓄能电站不仅要承担传统电力供应任务，还需灵活响应可再生能源接入带来的电网波动，这要求其生产数据中心具备强大的数据处理与智能分析能力。一个高效、灵活、可扩展的软件架构，是实现这一目标的基础。当前抽蓄电站生产数据中心均采用分布式架构，通过大数据存储、计算引擎、数据接入、数据资产管理等组件，构建生产数据中心，实现数据标准化、集成化和标签化，提升数据接入能力、数据融合能力、数据资产管理能力和数据服务能力，实现数据的采集接收、存储、管理、共享与服务体系建设，具备“准实时”级的数据中心性能，满足数据量的不断增长、应用需求变更灵活的动态扩展、大规模存储和高效极速的分析计算性能需求，为各类业务应用提供重要支持。系统建设立足于平台化服务视角，建立数据、业务、技术支撑平台的全方位应用支撑体系，在平台基础上构建部分业务应用，提供如可视化数据展示、报表报告、数据发布等功能。

生产数据中心严格遵循公开的国际标准，实现面向设备对象、具备数据自描述能力的信息建模。通过构建统一、开放的水电标准通信总线，实现不同电力二次安全分区之间的可靠数据信息同步机制。通过采用面向服务的体系架构，提供统一的数据存储、访问、监视和预警平台，实现抽蓄电站全景数据监视，为电调、水调等各类业务提供基础应用服务组件管理与发布服务，并实现不同业务之间的协同互动。通过对外提供标准化的二次开发接口，实现第三方模型及业务系统的接入与有效协同，为不同安全区内的各类自动化系统提供统一的软件运行平台。

6.3 多源数据采集

生产数据中心作为数字抽蓄的核心应用，其高效运作依赖于对各类数据的精准采集与分析。多源数据采集模块作为其中的关键组件，负责从不同源头获取实时或历史数据，为后续的数据处理、监控、分析及决策支持提供数据基础。

多源数据采集模块涉及电站运行的方方面面，通过建立标准数据总线，为电站业务数据的接入提供安全、稳定、可靠的数据服务，针对不同采集频率、不同类型的数据提供差异化的数据接入方案，通过传统的工业采集框架、物联网技术、人工智能技术，将来自传感器、业务系统的基础能力类、生产计划类、经济运行类、生产过程类数据汇聚在一起，提供海量数据集成技术方案，构建数字抽蓄的数据基石。

当前抽蓄电站业务数据的特点是，设备种类繁多，数据格式各异，同时抽蓄电站往往位于偏远地区，恶劣天气和复杂地形对数据采集设备的影响大，数据采集涉及的系统数量大。如何高效集成并统一管理这些多源数据，确保在大规模数据采集过程中数据的准确性和完整性，并提供快速迭代、高可维护性的能力，是生产数据中心的重点研究内容。

1. 数据采集范围

抽蓄电站的业务数据具有源头分散、同类汇聚的特点，基本上所有的生产数据已通过工业控制系统完成数据采集汇聚，因此生产数据中心采集数据的对象主要是各个工业控制系统，兼顾分散于不同位置的传感器，主要分为以下几种。

(1) 环境监测数据采集：通过部署在不同位置的传感器，收集气温、湿度、降雨量、库区水位、水质等环境参数，为环境监测、水文模型和安全运行提供依据。

(2) 工业控制系统：集成发电机、变压器、泵机组、开关设备等关键设施上的工业控制系统，实时监测振动、温度、压力、电流、电压等，实现设备健康状况的实时跟踪。

(3) 生产运营：采集电站两票、台账、缺陷、运营等管理类数据，同时采集设备维护记录、操作日志、故障报警等信息，为数据分析提供历史参考，辅助故障预测与维护决策。

(4) 具体的业务系统：计算机监控系统、水调自动化系统、水情遥测系统、计量系统、保护信息管理系统、主设备状态监测系统、大坝自动监测系统、工业电视系统。

2. 数据集成

在符合电力监控系统安全防护总体要求的情况下展开数据采集工作，支持各种常规采集方式，提供基于统一数据的模型，根据生产数据中心数据来源，梳理不同的数据类型，支持包括关系数据库、非关系数据库、消息队列、HTTP、MQTT 等不同类型的数据接口格式的海量数据集，解决不同系统信息模型和编码标准的数据接入问题，实现与已建监测、监控、生产管理等系统的集成接入。

1) 数据采集功能

(1) 支持人工、定时、事件触发的方式；支持完全刷新及增量刷新。

(2) 在保证效率及准确性的前提下，不影响原有系统的性能。

(3) 具备错误数据的追补功能，对缺漏数据可重新进行采集入库。

(4) 具备友好的界面工具，实现采集信息的控制、监视及定制功能。

2) 数据采集方式

(1) 对于支持 IEC 61970:2025 SER 标准的应用系统，通过 IEC 61970:2025 SER 标准接口方式获取各类应用系统实时、历史数据。

(2) 对于暂不支持 IEC 61970:2025 SER 标准的应用系统，在全面研究和评估现有、在建应用系统数据模型及数据应用的基础上，结合电网调度数据应用发展需求，提供统一的数据通信接口规范，并实现各应用系统与平台的数据交互。

3) 设备信息模型

抽蓄电站生产运行自动化设备建模以图、模、库一体化的思想为基础，参照 DL/T 860、IEC 61970:2025 SER 等标准，针对计算机监控、水情测报、水库调度、安全监测、状态监测等专业领域所需要的设备、数据、应用建立模型，形成稳定、唯一的数据表示和访问的路径，构建水电专业的标准化模型库。支持关系数据库和 XML 语言两种方式描述水电数据模型库，以提高模型的灵活性和扩展性。

DL/T 860 公用信息模型主要以设备的层次关系为依据而建立，根据水电调度所涉及的数据对象的特点，抽蓄电站数据模型则通过水电机组、泄水建筑物、运行评价等大类进行组织。系统采用面向对象设计思想，以关系数据库进行模型数据的存储，支持面向对象数据模型和关系模型之间的映射，提供统一的模型管理功能，能够通过标准建模文件自动导入或手动管理全厂标准水电模型。

应用建模负责系统内网络架构、用户配置、权限管理、数据通信方式的维护和管理，通过基础应用信息建模，将抽蓄电站实际生产运行系统中的相关特性有效地组织起来，在统一的人机界面中进行管理，并将信息录入历史库中，为整个系统的运行提供基础资源信息。

模型管理具备灵活的数据模型扩充功能，支持模型合并和模型拼接，同时用户可通过方便的工具随时进行调整和扩充，以快速满足新数据需求。模型管理提供模型版本管理功能，支持用户查询、获取不同时间点的模型信息。

3. 跨区数据同步

数据中心能够支持以“全量”和“增量”的方式进行数据同步，根据业务需要实现相关数据在安全Ⅰ区、安全Ⅱ区和管理信息大区之间的同步。具体含义如下。

全量：能够按照设定的时间间隔或者时间点序列，定期对数据交换中心的关系型数据、实时数据、图形数据及文本文件等非结构型数据进行同步传输。应满足数据传输时的实时性要求，数据在网络上传输时应具备穿越隔离装置的能力，以及支持断点续传和压缩能力。

增量：应具备完善的数据增量捕获能力。当数据交换中心存储的关系型数据、实时数据、图形数据及文本文件等非结构型数据发生变更、删除或者新增时，只对发生变化的这部分数据进行记录并保存在数据库的变化表中。这样就可以捕获发生变化的数据，然后利用数据库视图以一种可控的方式提供给目标系统。

整个系统的数据存储从地理位置上可分布在电厂、集控中心，在同一地理位置时分布在不同安全区。

充分考虑实时和关系数据库提供的机制，实现可配置、高效的数据同步。

(1) 正向数据传输。

正向数据传输要求能够实现安全Ⅱ区系统数据通过正向隔离装置传输到管理信息大区的功能，传输软件应符合《电力监控系统安全防护规定》。正向数据传输软件功能包括数据库动态同步、手动数据补传、网上实时数据同步、报警、辅助配置工具、数据同步及数据验证。

(2) 反向数据传输。

反向数据传输要求能够实现管理信息大区系统数据通过反向隔离装置传输到安全Ⅱ区的功能，传输软件应符合《电力监控系统安全防护规定》。反向数据传输软件功能包括外系统(水文、气象系统)数据库动态同步、调度系统数据同步、报警、状态监测所需的生产管理系统的信息。

4. 数据存储与管理

抽蓄电站生产数据中心的数据存储需要综合考虑数据特性、技术发展趋势、成本预算及安全性等因素。通过采用先进存储技术与策略，为电站的智能化、高效化运行打下坚实基础，助力绿色能源转型与可持续发展。随着技术的不断进步，未来的数据存储系统将更加智能化、灵活高效，为抽蓄电站的运营管理带来新的变革。

当前生产数据中心面临以下问题。

(1)数据量巨大：抽蓄电站涉及众多传感器和设备，每秒产生的数据量极为庞大，对存储系统的容量和扩展性提出了高要求。

(2)数据类型多样：涵盖了结构化数据(如设备状态报告)、半结构化数据(如日志文件)和非结构化数据(如视频监控)，需要灵活的存储解决方案。

(3)实时性要求：在某些场景下，如紧急故障响应，对数据的实时存取速度有严格要求，考验存储系统的I/O性能。

(4)数据安全与合规：电力系统的敏感性要求数据存储必须确保安全，防止未授权访问，同时遵循行业相关的数据保护法规。

为解决上述问题，一般采用关系库、时序数据库、文件库等综合存储体系，能够满足各类业务应用对数据存取不同规模、性能与场景的需求，确保各种类型数据的接入和扩展能力。

1)实时数据库

生产数据中心面对的业务应用覆盖抽蓄电站多专业领域，数据采集和存储规模都有较大级别的提升；随着监控自动化水平的不断提高，提出了实时运行数据不采用周期性采样存储而是按照实际时间序列连续存储的更高要求，以满足更多的应用需求，这将导致数据存储规模数十倍的增长，历史数据的存储组织策略以及查询检索策略也将变得相当复杂。在这种形势下，数据中心必须面对海量的实时运行数据以及归档历史数据，对这些数据进行高效的处理、压缩、归档，都迫切要求设计和实现海量高速实时数据库。

生产数据中心中的实时数据库软件，可在线采集、存储每个监测设备提供的实时数据，并提供清晰、精确的数据分析结果，既便于用户浏览当前生产状况，对工业现场进行及时的反馈调节，也可回顾过去的生产情况。

实时数据库管理系统中，各节点数据库一般与多个监控设备相连接，这些设备分布在抽蓄电站的控制网络上，具有不同的类型，每个设备只能通过监测装置采集某一类型的现场数据，且不同设备采集到的数据具有不同的数据格式。

实时数据库是专门设计用来处理海量实时信息的高速数据库管理系统，针对实时海量、高频采集数据具有很高的存储速度、查询检索效率以及数据压缩比。

实时数据库管理系统是在物理上分散于计算机网络节点，而逻辑上属于一个整体的数据库管理系统。实时数据库管理系统特定的应用场合和应用需求，使其有如下几种与传统关系数据库系统不同的特性。

(1)实时性：实时数据库管理系统中的数据和事务都有显式的时间限制，必须能够反映外部环境的当前状态，系统的正确性不仅依赖于事务的逻辑结果，而且依赖于该逻辑结果产生的时间。

(2)物理分布性：数据库中的数据分散存储在由计算机网络连接起来的多个站点上，由统一的数据库管理系统管理。这种分散存储对用户来说是透明的。

(3)逻辑整体性：实时数据库管理系统中的全部数据在逻辑上构成一个整体，被系统的所有用户共享，并由实时数据库管理系统进行统一管理，这使得“分布透明性”得以实现。

(4) 站点自治性：各站点上的数据由本地的实时数据库管理，具有自治处理能力，能够独立完成本地任务。

(5) 稳定性和可靠性：实时数据库管理系统多应用于分布式环境中与多个数据源连接，必须能够承受突发数据流量的冲击，以保证系统的实时性和稳定性，且由于局部实时数据库应用环境的复杂性，各种干扰较为常见，要求实时数据库管理系统具备一定的可靠性。

(6) 可预测性：实时数据库管理系统中的实时事务具有时间限制，必须在截止时间前完成，这就要求能够预测各事务的资源需求和运行时间，以进行合理的调度安排。

2) 时序数据库

在抽水蓄能电站中，随着物联网、工业自动化、环境监测等领域的蓬勃发展，时间序列数据 (time series data) 的生成量正在以前所未有的速度增长。时间序列数据是指按照时间顺序记录的一系列数据点序列，它包含了数据产生的时间戳以及相应的测量值，广泛应用于监控系统状态、预测分析、异常检测等场景。

时序数据库是一种专门设计用于处理和优化时间序列数据存储、索引、查询和分析的数据库管理系统。与传统的 SQL 关系数据库相比，时序数据库在存储结构、查询性能、压缩算法等方面进行了针对性的优化，以适应时间序列数据的特性，如数据的插入速率高、数据量大、数据按时间排序、查询多为范围查询等特性。

时序数据库具有以下特点。

(1) 高写入吞吐量：时序数据库设计了高效的写入机制，能够快速处理大量数据点的连续写入，满足实时监控和高频数据采集的需求。

(2) 压缩算法：针对时间序列数据的高相似性和重复性，时序数据库采用了高效的压缩算法，大幅减少存储空间需求，同时不影响查询性能。

(3) 时间区间查询优化：优化了对时间范围内的数据查询，支持快速检索特定时间窗口内的数据，这对于监控和分析历史趋势至关重要。

(4) 降采样与聚合：提供丰富的降采样和数据聚合功能，可以按需对原始数据进行汇总，生成统计信息，如最大值、最小值、平均值等，便于数据分析和报表生成。

(5) 高效索引：时序数据的索引通常是基于时间的，通过特殊的索引结构，如时间戳索引、B 树或 LSM 树，实现快速定位数据段。

利用时序数据库进行存储，在其基础上进行优化改造，封装接口以供上层应用调用。基于存储计算分离、冷热分层存储、数据压缩、EC 等技术方向进行优化，以达到更高的资源控制精度、更多层级的冷热存储、更高的数据压缩率、更高的副本利用率。

时序数据库作为大数据时代的新星，其独特设计使之成为处理时间序列数据的理想选择。随着技术的不断进步和应用场景的日益丰富，时序数据库将会在更多的领域发挥关键作用，推动数据驱动的决策和智能化转型。无论是优化运营效率、提升服务质量，还是实现更深层次的数据洞察，时序数据库都将是不可或缺的技术支撑。

3) 关系数据库

对数据中心而言，虽然实时数据库在处理、存储海量实时数据上具有独特的优势，但其仍然不可能完全取代传统的关系数据库在历史数据存储方面的地位。此外，数据中心需要的模型信息、告警信息、图表信息等的存储仍然离不开传统的关系数据库。数据中心关系数据库主要完成事务型和流程型的业务逻辑，实现对象数据模型和关系模型之间的映射。

考虑到生产数据中心关系数据库中会存储海量历史数据，需要针对这些特点考虑采用集群技术、数据分区技术、透明的应用失效转移技术、高效的数据备份中心、物化视图汇总数据管理等技术和机制，最大限度地保障系统的高可用性。

关系数据库支持采用基于代价的查询优化技术和结果集重用；支持基于锁和多版本的并发控制机制；支持数据垂直和水平分区；支持函数索引、数据压缩、视图查询合并；支持事务处理和两阶段提交，并对存储过程及多媒体数据的处理进行深度优化。

关系数据库应具有完备的各类约束定义功能，支持主键约束、非空约束、唯一约束、外键约束等各类约束机制，完全满足关系数据库数据完整性和数据一致型的需求；具有完善的备份和恢复能力，支持多种备份与恢复方式，包括物理备份、逻辑备份、增量备份等；具有基于时间点的数据库还原能力，可以对备份数据进行压缩和加密，支持数据库快照；支持磁盘阵列和存储区域网络(storage area network，SAN)的存储类型，支持双机或多机热备方式的集群(cluster)，具有数据同步/异步复制能力和故障自动迁移能力。

关系数据库权限管理采用基于角色的三权分立机制，支持多级安全检查、授权和权限的管理，以及强制访问控制；需要实现三权分立、安全审计、强制访问控制等安全增强功能。通过服务端的配置，实现客户端和服务端的加密通信；通过内置的加/解密函数，实现数据的加密存储，整体达到 B1 级安全级别。

关系数据库需具备丰富的数据类型定义能力，如基本的数值型数据、字符型数据、日期型数据、多媒体数据，包括声音、图形和二进制数据等，支持将若干基本数据类型进行组合，形成用户自定义数据类型；具备数据的海量存储能力，可以有效地支持大规模数据存储与处理，如太字节级的数据库存储、吉字节级的二进制大对象(BLOB)和文本大对象(CLOB)等；具备完善的日志和审计能力，可以记录数据库运行时发生的各种事件，以及对各类数据更新进行审计，便于了解数据库的运行状态和库中数据的更改情况。

4)缓存数据库

在抽蓄电站这种大数据量的应用系统中，数据访问速度直接影响到用户体验和系统响应能力。缓存数据库作为一种高性能的数据存储解决方案，旨在通过减少对外部数据存储系统的直接访问，从而极大地提高数据读取速度和降低后端负载。缓存数据库简称缓存，是一种临时存储数据的高速内存存储系统，它位于应用程序和持久化数据存储(如关系数据库、NoSQL 数据库)之间。其基本思想是利用计算机内存(如 RAM)的高速访问特性，存储应用程序频繁访问的数据副本，以便下次请求时能够迅速返回结果，避免了昂贵的磁盘 I/O 操作和复杂的数据库查询过程。

缓存数据库具有以下特点。

(1)性能提升：内存读取速度远超硬盘，缓存数据库能显著降低延迟，提高数据访问速度。

(2)负载减轻：降低对主数据库的访问频率，有效缓解数据库服务器的压力，提高整体系统稳定性。

(3)可扩展性：易于水平扩展，通过增加缓存节点，可线性提升系统的处理能力，满足高并发需求。

(4)成本效益：虽然增加了额外的缓存层，但通过减少昂贵数据库资源的依赖，从长期来看能降低运营成本。

常用的缓存数据库产品有以下几种。

(1)Redis：开源、高性能的键值存储系统，支持多种数据结构，广泛应用于缓存、消息队列、实时分析等领域。

(2)Memcached：简单高效的分布式内存对象缓存系统，适用于减轻数据库负载，加速动态网页。

(3)Apache Ignite：不仅是一个缓存系统，也是一个内存数据网格平台，支持事务、计算和实时分析等功能。

(4)EhCache：Java 平台上的轻量级缓存框架，适合应用程序内部的小规模缓存需求。

缓存数据库作为提升应用性能的关键技术，已经成为现代软件架构中不可或缺的一部分。通过合理设计缓存策略和选择合适的缓存数据库产品，开发者能够显著改善系统的响应速度和处理能力，从而更好地满足抽蓄电站的需求和业务发展。

5)分布式文件系统

随着抽蓄电站生产数据呈指数级增长，传统单机文件系统在存储容量、数据处理能力、访问速度和高可用性方面逐渐显得捉襟见肘。为了解决这些问题，分布式文件系统(distributed file system，DFS)成为存储和管理海量数据的关键技术之一。分布式文件系统是一种通过网络连接多台计算机，将它们的存储资源整合在一起，对外提供统一的文件存储和访问接口的系统。它打破了单机文件系统的局限，实现了数据存储能力的横向扩展，同时通过冗余存储提高数据的可靠性和可用性。

分布式文件系统具有以下特性。

(1)可扩展性：通过增加节点，可以轻松扩展存储容量和提升处理能力，满足不断增长的数据存储需求。

(2)高可用性：通过数据复制和故障切换机制，确保单点故障不影响服务，提高系统整体可用性。

(3)高性能：数据并行处理和本地化访问(数据接近计算节点)，减少网络延迟，提高读写速度。

(4)透明性：对用户而言，分布式文件系统像使用本地文件系统一样，隐藏了复杂的底层实现细节。

在抽蓄电站中常用的分布式存储方法有以下几种。

(1)HDFS：为大数据处理而生，适合存储大规模、批处理场景，是大数据分析领域广泛应用的基石。

(2)GlusterFS：面向高性能计算和云存储，支持多种卷类型，提供高扩展性和高性能。

(3)Ceph：一种高度可扩展的分布式存储解决方案，支持块存储、对象存储和文件存储，广泛应用于云平台。

分布式文件系统通过解决存储容量、性能、高可用性、扩展性、地理位置独立性、资源共享、数据一致性等多个层面的问题，为抽蓄电站的数据管理提供了高效、可靠、可扩展的解决方案，解决了以下问题。

(1)存储容量限制：单机文件系统受限于单台服务器的硬件容量，难以满足日益增长的数据存储需求。分布式文件系统通过网络将存储空间分散到多台服务器上，理论上可以实现近乎无限的存储扩展。

(2)性能瓶颈：单点服务器在高并发访问时容易出现性能瓶颈，影响读写速度。分布式文件系统通过数据分片和负载均衡技术，将访问请求分散到多台服务器上，提高了数据的读写速度和系统整体处理能力。

(3)可用性：单机系统存在单点故障问题，一旦服务器宕机，服务即中断。分布式文件系统通过数据冗余(数据复制或纠删码)在多个节点上存储，即使部分节点失效，也能保证数据的可用性，提升了系统的整体稳定性。

(4)扩展性：随着数据量的增长，单机系统难以平滑扩展。分布式文件系统在设计上支持水平扩展，只需添加更多服务器即可提升存储和处理能力，适应业务的动态扩展需求。

(5)地理位置独立性：分布式文件系统可以跨越地域分布，数据存取不受地理位置限制，为用户提供就近访问，减少延迟，适合全球化应用和数据备份。

(6)资源共享：在多用户或多系统环境下，分布式文件系统提供了一种统一的文件共享机制，便于资源的集中管理和权限控制，简化了跨部门或跨组织的数据共享流程。

(7)数据一致性与并发控制：在多用户并发访问情况下，分布式文件系统通过一致性协议(如 Raft、Paxos 等)和锁机制，确保数据的一致性和并发操作的正确性，避免数据冲突。

随着技术的不断进步，未来的分布式文件系统将更加注重智能化管理、自动化运维、跨域数据共享和更强的安全性，为应对更复杂的数据挑战提供强有力的支持。理解分布式文件系统的工作原理和应用，对于构建高效、可靠、大规模的数据存储解决方案至关重要。

5．数据存储与安全

数据中心负责存储和管理抽蓄电站各类信息。数据种类应满足抽蓄电站计算机监控、水情测报、水库调度、大坝安全监测、大坝安全分析、机组状态监测、状态检修、生产管理、安全防护管理等应用需求。

历史数据保存的时段可分为毫秒、秒、分钟、小时、日、旬、月、年等，数据宜带有数据来源、修改标识及数据质量等属性。

应对全厂生产运行设备及资源进行统一建模，实现基于统一模型的对象数据组织与管理，数据支持分布式或集中式管理。

数据访问通过通用数据访问服务实现，具有海量数据压力下的高效存取性能，满足生产数据中心实时性要求，同时应满足多专业、多用户同时访问的并发性要求。数据访问应具有数据库系统安全保护和数据安全保护功能。

6.4　数据中心基础服务

生产数据中心作为抽蓄电站的智慧中枢，通过高效的数据分析与处理，不仅能够实时监控电站运行状态，而且能实现预测性维护、优化调度策略，为电站的智能化运营提供坚实基础。常见数据分析与处理流程如下。

(1)数据采集：通过遍布电站的传感器网络，实时收集包括但不限于水位、流量、温度、压力、设备运行状态、电网负荷、环境参数等关键数据，为分析提供原始素材，具体实现内容参考 6.3 节。

(2)数据预处理：对原始数据进行清洗、去噪、缺失值处理、异常值检测与填充，确保数据质量，为后续分析奠定坚实基础。

(3)特征工程：提取有助于分析的关键特征，如设备效率曲线、能效比、蓄能与释能效率等，为模型训练提供输入。

(4)数据分析与建模：运用统计学方法、机器学习及深度学习模型，分析数据模式，识别运行规律，预测趋势，评估设备健康状况。

由以上流程可知，数据分析与处理是一个复杂的系统工程，包含数据过滤、排序、随机抽样、数据平衡、设置角色、属性过滤、缺失值处理、数值/字符/日期类型转换、数据标准化、数据平滑、孤立点分析、分类汇总、RFM、异常值检测、季节解构等功能，还要支持数据库连接、数据追加、数据拆分等，因此需要通过一个功能完善的数据分析处理平台来协助完成上述需求，实现从源数据到数据能力可视化的转换，使之成为能够被业务部门使用的数据资产，并在此之上提供数据探索、开发、使用管理、服务的工具。

数据分析与处理主要对以下技术进行研究。

(1)决策支持：将分析结果转化为可执行的决策建议，如优化调度策略、设备维护计划等，通过直观的可视化界面展示给决策者。

(2)大数据处理框架：如 Hadoop、Spark 等，支持大规模数据的高效存储与计算，加速分析过程。

(3)实时流处理：Kafka、Flink 等技术，用于实时数据流的捕获与处理，实现即时反馈与决策。

(4)机器学习与 AI：包括预测模型(如 ARIMA、XGBoost)、分类与聚类算法(如随机森林、*K*-means)，以及深度学习网络，用于复杂模式识别与预测。

(5)数据可视化：Tableau、Power BI 等工具，将复杂数据转化为直观图表，便于决策者理解与操作。

通过对采集到的数据进行实时分析和处理、对历史数据进行训练学习，及时发现设备异常、优化运行效率和进行故障预测，在抽蓄电站中，常见的数据分析内容主要是以下几个方面。

1)基础分析

基础分析是对单信号量(模拟量/开关量测点)的一维时间序列数据所进行的统计分析。该分析方法可提供对采集监视的所有生产数据测点自由添加并组合，在所选择时间段内，按时间轴的数据曲线显示运行生产数据，横轴为时间轴，纵轴为数据轴，提供各时间点的测点精确数值，可动态选择时间段，查看滑动区间内的测点数值统计结果，并对分析统计结果进行导出与打印，如图 6-1 所示。

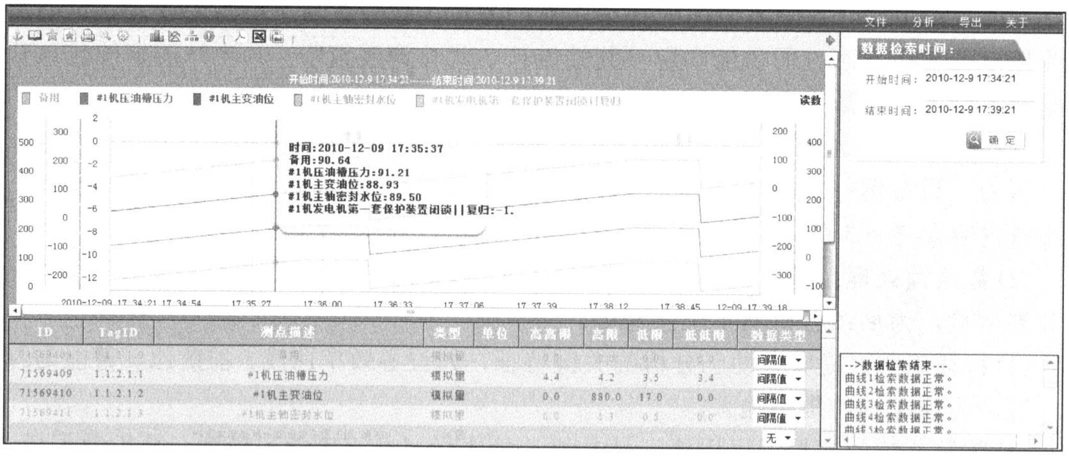

图 6-1　系统分析主界面

针对单个模拟量类型的测点所提供的分析主要有散点图分析、趋势分析、偏差分析、阈值分析，以此获得模拟量测点的整体分布范围、偏差统计数据以及波动变化趋势情况。

(1) 散点图分析：主要反映测点数据随时间的整体变化情况。使用“散点图分析”，可获得信号量测点在对应分析时段内的数据实际分布情况，如图 6-2 所示。该分析精确定位每个点的数值和时间，并提供“数值均线”作为分析参考。

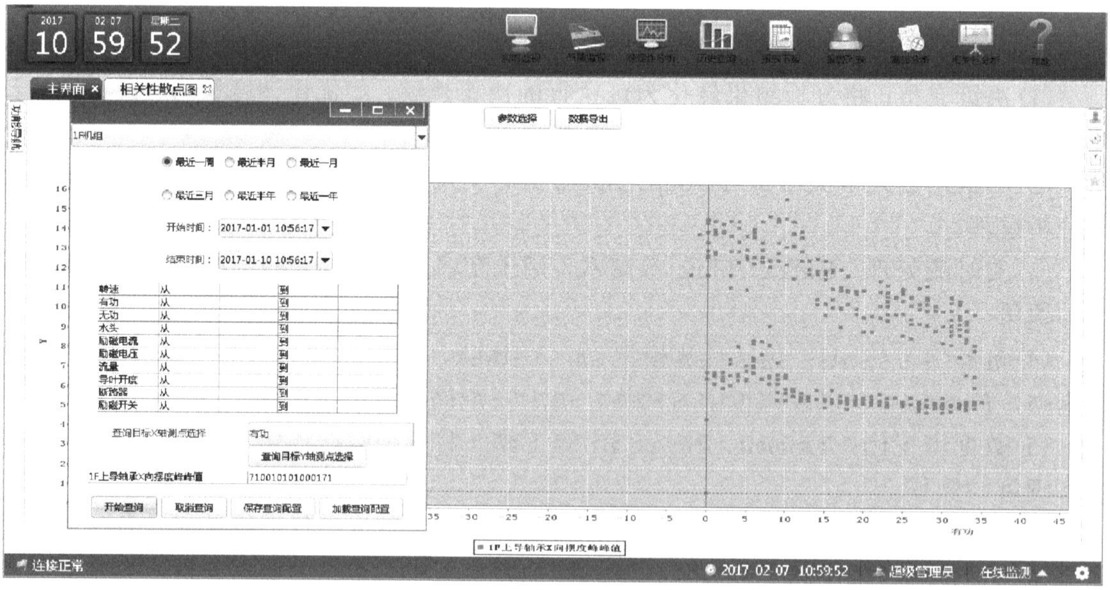

图 6-2　散点图分析

(2) 趋势分析：由多种数据分析方法和数字特征分析算法组成的综合分析方法。数据序列趋势分析中应用了移动平均趋势分析算法。该算法具有数据自参照性、抗数据毛刺干扰、趋势分析敏感性好等特征；采用数据窗口移动技术描述数据发展趋势，兼顾整体和局部的趋势；采用可扩展数列进行赋权，依据数据分析中公认的“最近数据有效原则”。

(3) 偏差分析：基于数据序列的数字特征和偏差特性进行分析的方法，其中也包括数据序列的趋势分析结果。偏差分析将给出相关数据序列的趋势分析结果、最大值、最小值、平均值、标准差、百分标准差。

偏差分析和趋势分析界面如图 6-3 所示。

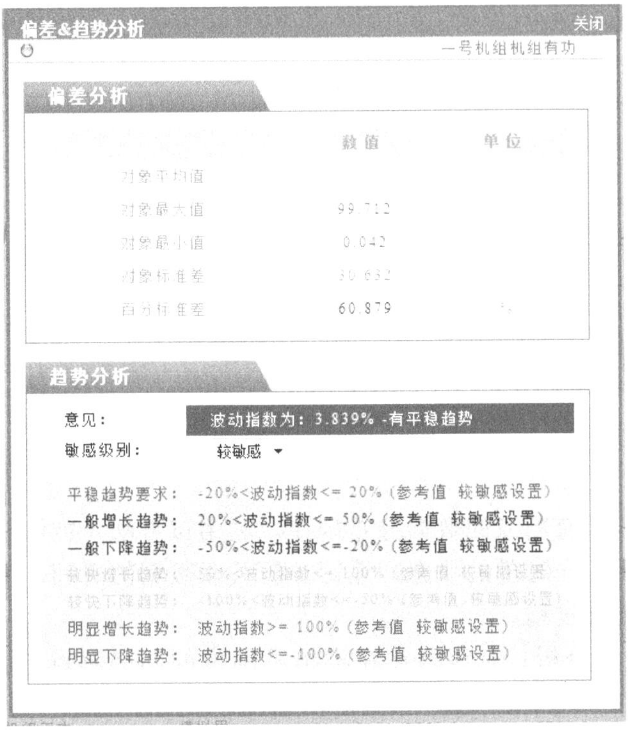

图 6-3　偏差分析和趋势分析

(4) 阈值分析：可对单一模拟量测点在对应范围内运行时长及占比做统计对比，人工划分范围区间，实时进行查询统计，如图 6-4 所示。此方法可对机组相关温度量的分布情况做统计，也可对机组发电负荷的运行区间做统计分析。

针对单个开关量类型的测点提供开关量分析，其统计分析内容为变位次数统计、0 状态或 1 状态运行时间统计、变位详细记录(图)。以饼图方式显示 0 状态或 1 状态运行时间，了解该开关量在何种状态下运行时间较长。通过变位次数统计结果，可判断某个开关量是否存在频繁跳变的情况。

2) 关联分析

区别于针对单信号量的基础分析，关联分析主要是针对多信号量进行组合的对比分析，旨在按不同组合方式，来分析对比其同时段内的数据及统计结果。关联分析有四种方式：同机组比较分析、不同机组比较分析、最值统计分析、特征分析。

(1) 同机组比较分析：对该测点所在机组范围内的相关同机组、同级别测点数据的集合趋势进行分析的方法，是基于对象概念的集合趋势分析方法，用于比较和参照与主

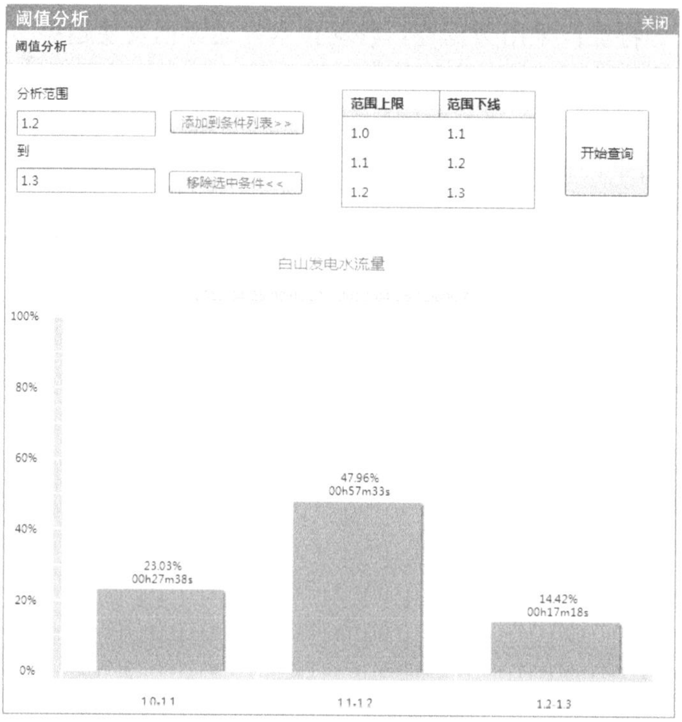

图 6-4　阈值分析

属性测点紧密相关的所有测点的数据分布规律。利用该方法，能够快速地调用与被分析对象相关联的对象在同一时刻的状态，缩短分析关联数据的时间，为解决问题赢得宝贵的时间，加快事故处理过程。

(2)不同机组比较分析：对该测点在机组范围内的同名测点的集合趋势分析方法，旨在比较和参照与主属性测点紧密相关的所有不同机组同名测点的数据分布规律。例如，可通过某一台机组的有功情况，快速调用出电厂所有机组的有功，进行同时段对比参照。

(3)最值统计分析：对同级别测点数据进行比对计算，抽取所有测点在每个时间切片上的最值，计算每个时间切片上测点集合的平均值，最终得到最大值曲线、最小值曲线和虚拟出的平均值曲线。该方法可用于对机组的瓦温和槽温最值进行综合分析。抽蓄电站由于瓦温和槽温的测点众多，若要找出所有瓦温中哪个区域温度可能总是偏高，时常需要人工对其中某段时间的最值进行统计分析，工作量较大、效率较低，而通过最值统计分析方法，能直观得到温度总是偏高的测点及对应偏差值的大小。该分析方法将虚拟显示出同一机组/不同机组同类测点的最值曲线，如由 1 号机组所有水导瓦中温度最高的瓦温组成的曲线、由 1～4 号机组所有的 2 号水导瓦中温度最高的瓦温组成的曲线。通过最值分析方法，可得到具体时刻所贡献的最大值/最小值测点描述及对应测值的大小。

(4)特征分析：对多个测点的数字特征进行对比分析，以柱状图的方式直观展现每个测点的数字特征值(最大值、最小值、平均值和标准差)，如图 6-5 所示。该方法可用于对电厂内所有机组的实际发电情况做统计对比，或对机组的轴瓦温度进行对比分析。

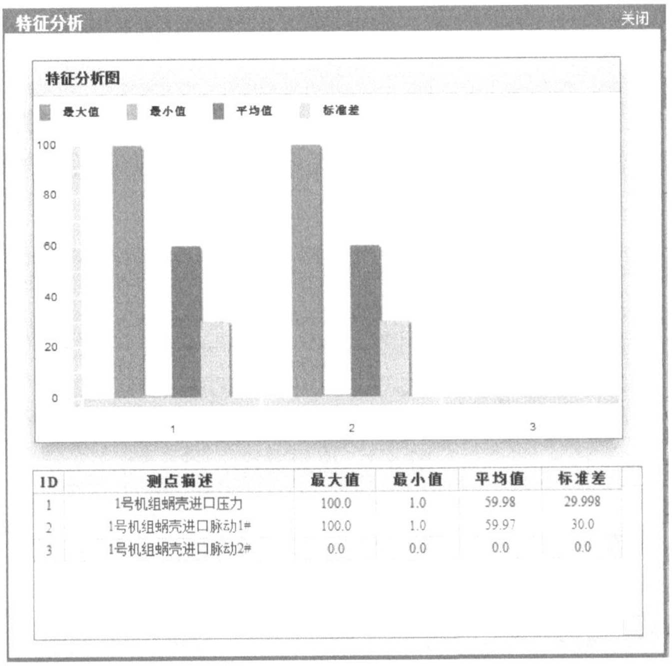

图 6-5　特征分析

3）挖掘分析

为确保统计分析的有效性，需要自动剔除过渡过程中产生的无效数据，以提高数据分析的可靠性。例如，机组启停等过渡过程会对稳态数据分析产生干扰，需具体分析机组启停的时间跨度，确定开停机时间段的参考值，并根据各个测点的实际变化情况进一步微调。

挖掘分析功能可提供相关选项进行微调设置，支持多个开关量和模拟量数值条件作为参考量来参与挖掘运算，得到符合条件的时段，再进行目标曲线的数值反查。如图 6-6

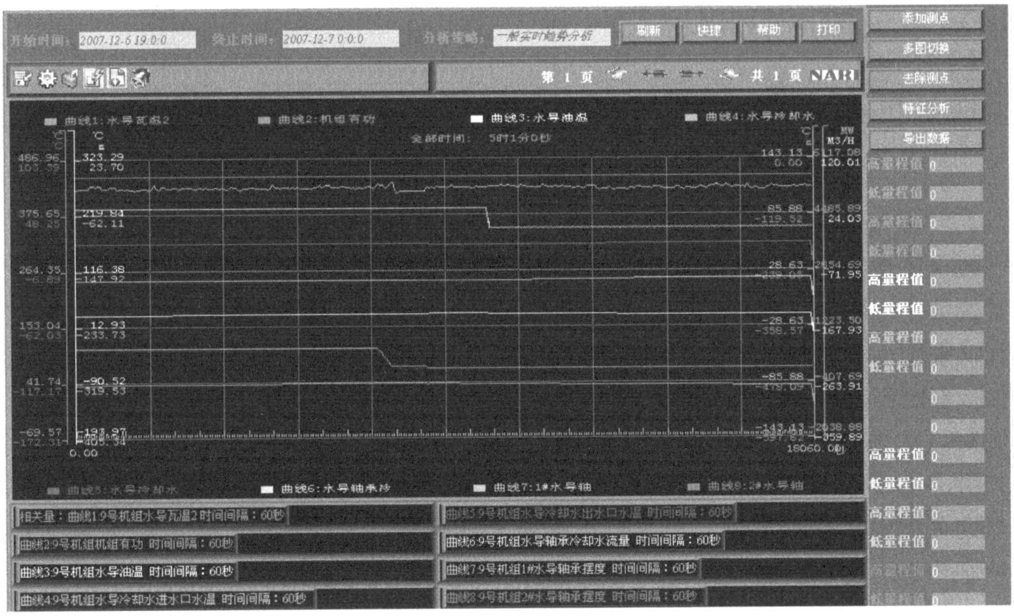

图 6-6　提取前曲线

所示，为去除机组停机过程中的干扰，需要屏蔽 9 号机组停机时段(停机前后 5min)，并获得目标分析曲线。

可设置挖掘类型为状态变位，设定好对应发生状态变位的事前提取时间和事后提取时间，以获得理想的停机时段提取结果，并在此基础上对过滤后有效时段内的数据做进一步统计分析，如图 6-7 和图 6-8 所示。

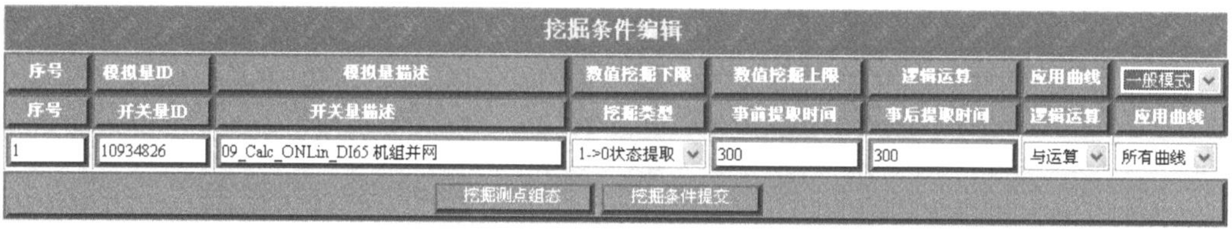

图 6-7　挖掘设置

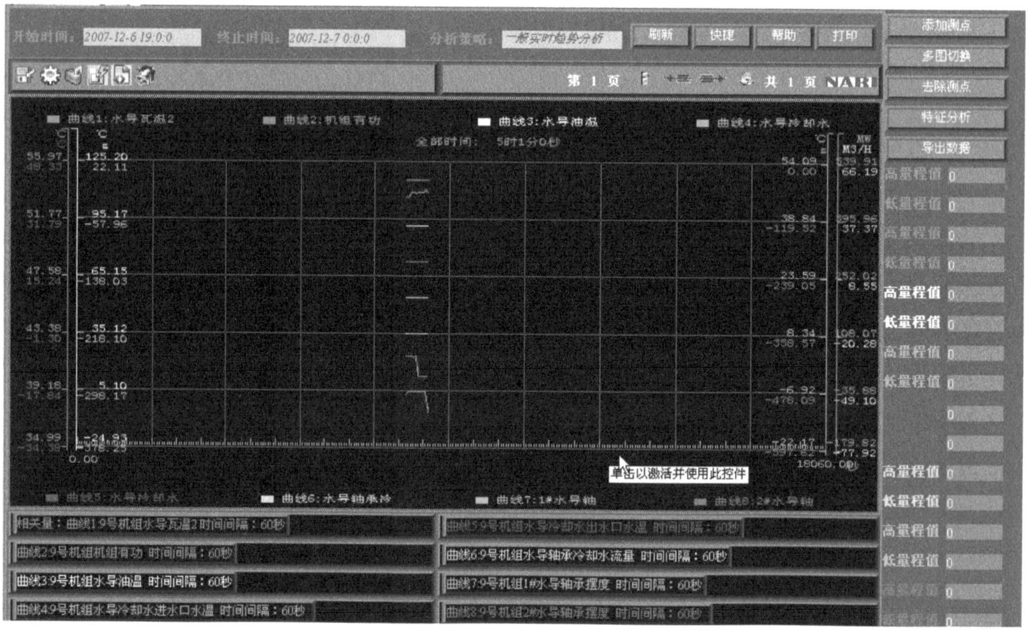

图 6-8　提取结果

4)在线报警

在线报警是基于越限告警信息快速定位问题数据的分析方法。该方法在线监控模拟量或开关量的数字特征值(包括平均值、最大值、最小值、百分标准差)的变化，根据设定的监控高限和低限进行实时报警分析。当监测的测点数字特征值超过高限或低于低限时，自动进行报警，报警内容包括时间段、测点名描述、报警原因、检测值、监控高限或监控低限。

例如，在选定的测点最大值设定一个高限，则在线报警分析将自动跟踪该测点的最大值，并将越界报警记录存储在服务器上。其中，测点的最大值来源于分析中起始与终止时刻之间的时间序列数据，报警可由一定周期触发，将根据滑动窗口扫描各个测点的数字特征值进行分析，并判断是否越界，如果越界，程序将自动追加其报警描述与对应信息，如图 6-9 所示。

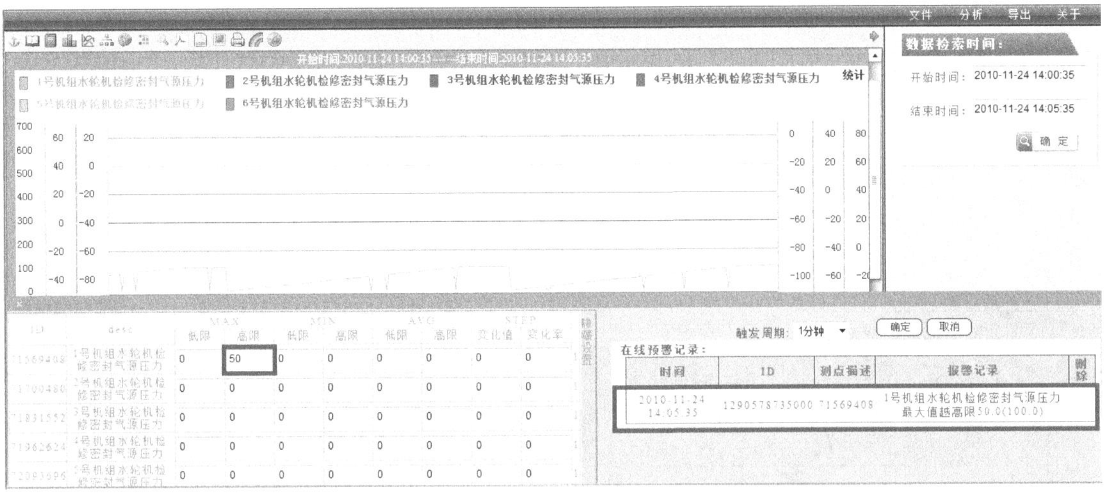

图 6-9　在线报警分析

该分析方法可辅助用户完成各项现场在线试验，如机组稳定性试验、顺控试验、甩负荷试验、发电机和水轮机效率试验等。在试验过程中，实时监视各项指标是否在合理范围之内，并整体掌握试验过程中的实际运行情况。

5) 追溯分析

抽蓄电站生产数据综合分析汇集并及时记录了大量生产实时数据和过程数据，包括电厂主辅设备的运行状态，便于电站事故、故障或异常情况的历史追溯和分析，并为机组检修提供所需的状态信息。追溯分析针对故障异常情况下的报警测点，实现测点或对象的数据快速定位功能。

为实现故障异常的报警，首先需创建报警规则。可引入固定测点信息作为条件源，描述条件源与输出的各种约束关系。例如，当单一模拟量越限、变化值过大、变化率过大时，触发报警；报警动作时，仅当设定的模拟量在一定范围内，才发送报警；当开关量在设定时间内变化次数过多时，触发报警；报警动作时，仅当设定的开关量处于对应状态，才发送报警；当多个模拟量/温度量在同一时刻差值过大时，触发报警等。

报警规则一旦创建，后台即刻进行实时运算，并通过弹出窗口、发送短信、发送邮件等方式，将指定的报警信息通知给用户。当发生事故时，运行维护人员能够调出各种曲线与报表进行直观的分析。针对报警测点，实现测点或对象的数据快速定位功能，追溯报警前若干小时的各项数据以及分析诊断报表，可方便运行维护人员调用各历史数据曲线并进行直观的分析、判断。利用“追溯分析”方法辅助分析处理问题，如图 6-10 所示。

6) 报表分析

生产数据综合分析调用生产数据中心的报表基础服务，通过统一的定制报表组态工具来定制报表，包括以日、周、月、年运行的统计报表或者各种综合性的关联数据分析报表，将编辑好的报表发布之后，用户可直接通过 Web 客户端浏览运行日志和查询报表，随时导出报表查询结构以供存档分析。

7) 数据服务发布

生产数据中心的建立就是为数字抽蓄的高级应用提供数据支撑，将电站运营过程中

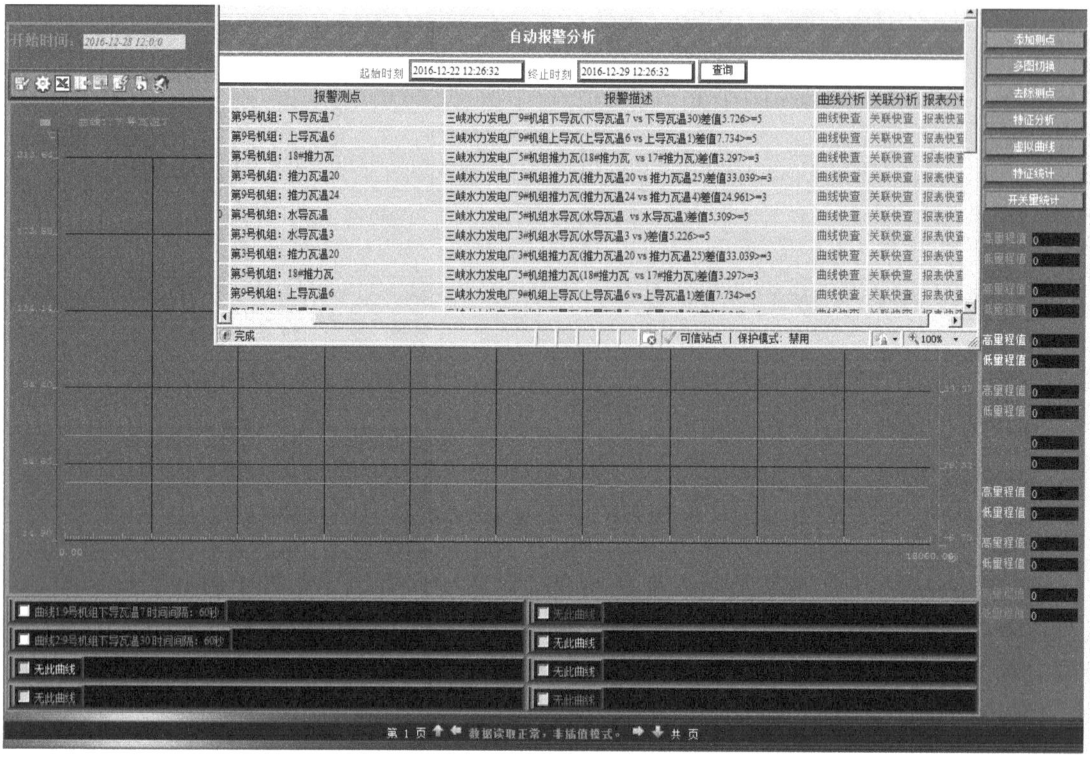

图 6-10　自动报警分析界面

产生的海量数据经过处理、分析后，以 API、数据集、报告等多种形式对外开放，为内部团队、合作伙伴乃至整个行业提供决策支持、技术创新和业务拓展，实现能源互联网、智能电网的愿景。当前数据发布服务通过借助 RESTful API、GraphQL、消息推送等技术，将处理分析后的数据以服务的形式对外发布，同时确保数据安全与隐私保护。

由于生产数据中心的数据量大且种类多，同时调取数据的业务对象也非常多，因此需实现对各类数据接口的统一管理，包括服务的注册、修改、删除、测试等功能，提供友好的 Web 端、移动端应用和数据可视化工具，以及便捷的访问和解读数据服务，对系统平台和 HTTP API、SQL API、算法模型服务、脚本 API 等各类数据资产从注册、申请、发布到调用分析的全过程可视化管理。

(1)数据服务管理。

对各类数据接口的统一管理，包括服务的注册、修改、删除、测试等功能，主要的数据接口如下。

HTTP API：对系统中 API 进行二次封装，以输出服务形式提供，方便其他系统或应用直接访问和调用。

SQL API：通过配置系统中的数据源，以 SQL 查询方式形成 API。数据源支持 MySQL、Oracle、SQL Server、达梦等。通过定义 SQL 查询语句，将数据源内的数据以 API 的形式进行输出服务。

算法模型服务：将系统中的算法模型以 API 的形式进行输出，提供服务。其他系统或应用可以通过调用 API 来访问和使用这些算法模型。

(2) 数据发布管理。

对 HTTP API、SQL API、算法模型服务接口的上线和下线功能进行统一管理，各种数据服务接口对外标准化发布。

6.5　数据中心基础应用

1. 人机界面

人机界面是生产数据中心提供各类功能组件定制、发布与应用的综合界面，通过定制化的设计实现软件系统的易用性、实用性。人机界面的组态将不同应用功能区域定义为功能视图，不同的功能视图可与特定的用户群体关联，从而实现各类定制系统在生产数据中心上的不同定制输出。在功能视图中，将不同的功能区域区分开，以界面风格与主题、应用功能等类型进行配置和管理，有效地集成各类基于图元库的功能组件或其他功能组件，从而形成不同的定制系统，生产数据中心的公共人机界面能够加速应用的开发，提高开发质量。

如图 6-11 所示，公共人机界面框架包含展现形式和图元库两大部分。针对 B/S 和 C/S 两种架构体系，开发专业的应用系统人机框架解析器，既能实现同一画面在两种体系下展现形式一致，也能根据两种体系特点开发不同的人机交互。基于点、线、面、表格等公共图元库开发厂站监控、水情水调、大坝安全、生产运行等各类专业应用图元，实现图元库的共享，既能提高界面的展现能力，也能加速应用开发。

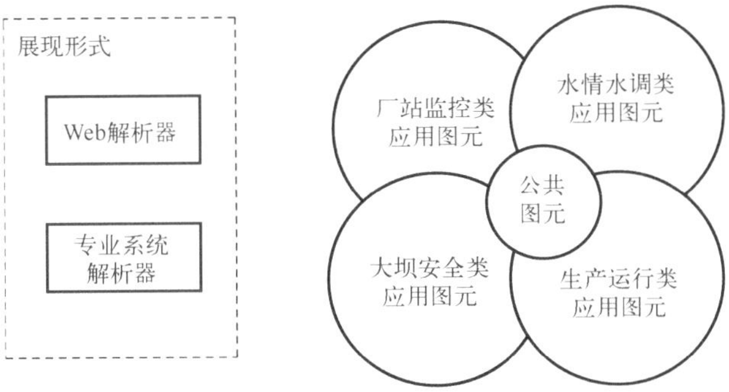

图 6-11　公共人机界面框架

通过公共人机界面框架，可以实现以下功能。

(1) 支持画面、各种记录、报表等的显示及复制或打印。

(2) 支持实现各种控制操作，包括指令的发布及过程监视等。

(3) 支持抽蓄电站监控及水调业务的有关监控操作，如控制调节方式的切换操作，有关参数、设定值、限值的设定或修改，采集点监控状态的设置或人工设值，事故、故障的认可，监控对象和操作权限的管理，操作登录、记事等。

(4) 支持系统信息显示，包括故障信息及操作信息。

(5) 支持多屏显示。

(6) 支持定时刷新等。

2. 图形及报表组件

通过生产数据中心图形组件提供给用户根据需要绘制电力系统各种接线图的能力，可以方便地绘制出各种接线图、过程线等。绘制生成的图形可以通过因特网进行浏览，图形可以自动适应各种分辨率的显示器，同时大大缩减了图形文件的大小，提供了在不同平台上实现图形编辑和显示的能力。

通过生产数据中心图形组件，能实现以下功能。

(1) 对电厂进行监视、控制和调节。

(2) 对水库水情、流域降雨情况进行监视。

(3) 对水库调度和水务计算进行操作。

(4) 对水调常规作业的数据输入、数据交互管理等。

编辑的图形通过生产数据中心提供的基本服务接口，方便连接到数据总线，访问实时数据库，进行实时数据的展示，直观地展现所编辑图形的运行状态。

生产数据中心的报表编辑部分作为人机界面编辑器的组成部分，通过报表系统函数库提供时间函数、算术计算、各种专业计算等功能，能满足各种常规报表计算的需要。用户可按照自己的要求，使用人机界面编辑器编辑报表，设计制作新的报表，无须编程，方便进行各种类型的函数扩充。

报表运行由人机界面运行器通过菜单调用、按钮切换、直接打开等方式动态进行。报表具有良好的交互性，具有设置显示格式、文本对齐方式、合并单元格、设置重复行、插入图元、设置报表运行方式(如打开报表就自动运行、打开报表需手动运行)等功能。

报表支持自动生成日报表、月报表。当报表模型设置完成后，会根据设置的运行信息，支持按时间自动生成所需的报表。

3. 综合信息展示与分析

综合信息展示功能部署在管理信息大区，能将计算机监控、状态监测、水情水调、大坝安全监测等抽蓄电站生产运行数据信息以 Web 方式发布，可通过分布图、曲线、棒图、报表等多种形式发布各类数据信息，能实现基于业务的用户个性化配置，根据当前的登录用户呈现与其日常工作相关的业务内容。各安全区资源应可进行任意组态定制，实现全景信息的发布与管理。具体内容如下。

(1) 实时信息监视：在 Web 页面上同步显示生产数据中心的动态数据画面，其界面与本地界面完全一致。实时信息通常通过数据显示、颜色变化、大小变化、位移变化、棒图、饼图、曲线等形式展现在页面上。

(2) 自动更新：画面背景的下载、更新都可自动完成或由 Web 服务器端维护，客户端无须做任何工作，画面支持鼠标拖拽缩放。

(3) 分类显示：按照对象创建画面目录结构，分类显示各运行画面。

(4) 历史数据分析统计：针对海量历史数据，通过数据抽取和数学算法分析，将数据分析的结果采用多种方式直观展示，为决策提供有效的依据。分析统计方式包括以下几点。

①散点图分析：利用“散点图”的展现形式，反映数据序列随时间轴向变化的值分布规律，对一维数据序列进行分析。

②相关量分析：基于对象概念的集合趋势分析方法。在定制对象之后，比较和参照与主属性测点紧密相关的所有测点的数据分布规律。

③趋势分析：由多种数据分析方法和数字特征分析算法组成的综合分析方法。数据序列趋势分析中应用了移动平均趋势分析算法，用数据窗口移动技术和可扩展数列进行分析。

④偏差分析：基于数据序列的数字特征和偏差特性进行分析，给出趋势分析结果及一些特殊数值。

⑤最值综合分析：将同类型测点的数据按时间序列抽取最大值、最小值来进行分析，对设定时段内数量众多的同类型数据进行统计分析，其分析的准确性与高效性尤为明显。

⑥报表生成：按所提供的格式制作模板，实现电力运行日报表、月报表和综合报表等功能。

4. 安全与监控

随着近年来数字抽蓄电站相关技术的进一步发展，抽蓄电站自动化系统的主机和网络等设备运行环境日趋复杂，管理工作难度加大，尤其是随着信息化建设的不断深入，信息系统越来越多，系统的关联度也越来越高，给机房管理、系统监控、运行维护等带来了很大的困难。虽然某些抽蓄电站对信息通信设备已有一定的监管手段，但缺乏集中、统一的监管平台，难以及时发现和解决网络、硬件、安全设备、操作系统、数据库、中间件、应用系统等产生的突发问题。

信息通信综合监管组件是数字抽蓄电站信息系统稳定运行的重要保障。其目标是以现有系统可采集的数据为基础，建立统一、规范、面向业务的监管指标体系，通过数据整合工具实现监管数据的集中统一管理；在统一、规范、面向业务的监管指标和集中统一管理的监管数据的基础上，建立统一的监管模块，提供面向各种角色、各种主题的监管信息视图，在生产数据中心实现个性化的工作界面；实现对集机房、网络、主机、中间件、数据库、应用系统等所有信息通信资源于一体的有效监管。

信息通信综合监管组件在数据采集上对各个不同监管对象的数据接口制定了一套协议，使采集到的数据能够规范化，具有统一的格式。这样，当实时数据与历史数据进入处理层时，组件能够轻易地分析、关联，以及快速准确地定位，发现故障可即时予以智能告警。

信息通信综合监管组件采用多层架构体系与应用和后台分布式部署的方式，实现界面表现与业务逻辑分离，包括数据获取和预处理独立的构建方式。因此，信息通信综合监管组件从“系统体系”上分为数据采集处理和数据应用层(生产数据中心应用及呈现)两层架构，并结合不同使用人员的需求，灵活进行功能和权限的定制管理。

对于各大类应用功能，应当以模块化设计方式进行合理的关联设计和划分，同时为保证各功能模块的松耦合性和可扩展性，宜采用灵活分层和开放接口等方式进行系统整体架构设计。

5. 信息收集

1）数据采集模块

数据采集模块可以持续采集监管对象相关的配置、运行、性能、告警等数据，并根据业务需求将数据分发到生产数据中心的数据总线，为实施设备监管提供了基础。它一般由多个数据采集器、一个数据缓存池以及一系列数据处理引擎组合而成。

2）数据采集内容

数据采集内容如表 6-1 所示。

表 6-1 信息通信综合监管组件数据采集内容列表

监管对象	配置数据	性能数据	日志数据
网络设备	√	√	√
安全设备	√	√	√
主机	√	√	√
数据库	√	√	√
中间件	√	√	√

3）采集器功能要求

(1) 支持动态采集策略定义。根据使用情况自动或者手动调整数据获取的周期、范围和方式等策略。

(2) 采集器支持汇聚采集。具有灵活的分布式部署机制，可以实现汇聚采集，也可以进行单独采集。

(3) 高效的采集设计。尽可能少地占用监管对象资源进行数据采集。

(4) 数据预处理。采集器经过预加工实现数据的过滤加工。

(5) 支持自定义采集脚本开发。在不修改代码的前提下，实现非标数据的自定义采集。

4）数据采集的实现

可以采用有代理或无代理方式，通过标准的接口或者协议方式获取监测数据。

(1) SNMP 采集器。支持 SNMPv1、v2、v3 标准，采集器通过查询(polling)和自陷(self-trapping)相结合的方式获取被监管设备的性能数据、事件数据、配置数据。

采集的范围：主机、网络设备、安全设备的配置、性能，以及日志数据。

(2) JDBC 采集器。通过对被监控数据库基表的查询，采集数据库的运行状况信息。

采集的范围：数据库的配置、性能、日志数据。

(3) JMX 采集器。通过 JMX 的方式，采集中间件的运行状况信息。

采集的范围：中间件的配置、性能、日志数据。

(4) 其他采集器。支持 Telnet、SSH 和 WMI 等无代理方式的数据采集。通过脚本开发，实现可配置的数据采集。

采集的范围：Windows 及各种 UNIX/Linux 操作系统的配置、性能数据。

6. 信息处理引擎

1) 性能数据处理

当收集到的性能数据值超越定义的限值时，会向指定人员发出相应的越限告警，告警参数包括告警源、告警时间、告警级别、告警原因、阈值信息。

应能对定期收集到的数据进行统计、分析和处理，结合资源的构成情况，将收集到的性能数据通过一定的算法进行分析和处理，以此来反映被监管对象的性能质量。

此外，需要对采集到的配置数据与配置库进行比对，自动判断其是否出现变化，并在发现异常时生成配置变更告警。

2) 事件数据处理

事件数据处理是信息通信综合监管组件的组成部分。信息通信综合监管组件应提供统一的事件处理机制，实现对信息通信设备事件的集中处理。

统一事件管理要求遵循以下步骤。

(1) 事件信息分类。

事件信息类别：系统平台事件，包括主机事件、数据库事件、中间件事件、应用系统事件等。

事件信息内容：事件序列、事件标识、事件初次发生时间、事件最后发生时间、事件次数、事件类型、事件级别、事件源、事件负责人、事件标题、事件内容、监管对象联系人等。

事件的结构可以进行增加和修改，灵活制定事件的显示格式。增加的扩展属性都可以定义到事件的显示内容中，不同类别的事件支持不同的显示模板。

(2) 事件信息汇总。

信息汇总过程支持信息的过滤，过滤条件可以灵活制定，如按照事件的类型、对象、级别、描述、位置、发生时间等条件以及多种条件的组合，可以根据用户的事件管理需要进行过滤规则的定义。

提供信息格式统一化规则，将不同来源的管理信息，如网络、系统、应用的事件信息标准化，为后期的处理和分析提供方便。

(3) 事件信息关联。

将事件信息与相关资源信息(如该设备的位置、负责人等)进行关联，使管理人员在收到报警的同时，直接就可以查看到相关的内容，不用进行额外的手动查询工作。

(4) 事件报警通知及任务分配。

提供基础的告警通知流程功能，如哪些事件应该由何人处理，故障在一定时间内没有解决应该如何进行升级和通知等，统一事件管理平台要能够根据策略驱动不同的报警程序。

告警事件在产生后，可自动分配给负责的支持人员，或者由值班人员手动转发给相应的支持人员。

事件数据处理需支持多种方式告警，包括电子邮件、声音、页面提示、手机短信等多种方式通知。告警事件的内容包含告警来源、告警标题、告警级别、发生时间等，信息可以灵活制定。

7. 系统资源监视

系统具备自诊断与资源监视功能，所有的硬件、软件均具备诊断功能，通过建立诊断模型，可对软件模块进行智能管理，在应用失效、相关数据失效时可对相关数据进行标记、预警与隔离；可提供局域网内各网络设备资源监视、程序运行状态监视、远程控制程序、综合报警等功能。规模大、网络复杂的系统或监管项目需求较多的系统需要专门的信息通信综合监管系统。

系统资源监视模块主要负责监视和记录系统中的各种资源，包括计算机的 CPU 负荷、磁盘空间占用、数据库空间占用、网络设备状态及带宽占用情况等。该模块还具备越限告警功能，对于资源占用超过规定限值(如磁盘剩余空间不足)的情况，发出报警信息，以便及时进行处理。此外，该模块还提供强大的统计分析功能以及丰富的统计结果表现手段，能够对系统的 CPU 负荷、网络负荷、进程资源、系统内存、硬盘使用情况进行统计分析，并通过表格、曲线、饼图、棒图、仪表盘图等方式表现出来。统计和测试结果能打印输出。

系统资源监视模块的主要功能如下。

(1)实时显示网络设备拓扑结构，支持手动编辑网络拓扑。

(2)实时监视服务器、工作站、计算机及网络设备的各种运行状态，以图文报表方式展示各种参数。

(3)支持各种操作系统(Windows 系列、Linux、UNIX、Solaris 等)的服务器、工作站和计算机。

(4)对于采集到的参数，根据用户设定的限值进行报警，报警信息不仅可以通过友好图文报表展示，还可以通过短信服务器发送到移动设备。

(5)实时监视服务器、工作站和计算机的关键进程，自动重启意外终止的关键进程。

(6)对主备冗余的关键进程进行热主备切换；对于有特殊需要的进程，可以发送各种指令，进行控制交互。

(7)根据需要对运行参数进行各种统计分析。

(8)远程管理应用软件配置信息。

(9)轻量级日志目录管理及远程管理应用软件日志。

(10)用户通过资源监视管理分析局域网内部设备运行情况，掌握其运行信息，能够及时发现和解决问题。

8. 备份与恢复

由于系统实际运行过程中，数据库数据压力较大，因此系统必须具备将数据导出至其他的数据库，以减轻主数据库压力的能力。此外，数据库本身运行也存在一定的风险，当出现人为故障或数据库异常时，可能会引起数据库崩溃，此时需要使用备份恢复到数据库故障前的状态，确保数据不丢失。因此，数据库备份与恢复功能不可或缺。

为了减轻主数据库的数据压力，允许用户或现场操作人员选择特定的数据内容，将其导出到某一特定主机的数据库中，同时删除已经导出的数据。在整个导入和导出的过程中，系统显示当前整个操作的进度，包括已用时间和剩余时间、每张表的操作进度和记录数。导入导出的日志均可以查询。

备份功能可以根据备份策略定期地将数据库备份到特定主机文件夹下，并删除本机上的日志文件。当系统出现异常时，该数据文件可以用于恢复原数据库。备份功能包括物理备份和逻辑备份两种类型，既可进行系统级的全部、增量备份与恢复，也可以进行针对部分表、历史数据的备份与恢复。

备份和导出的策略配置有以下参数：数据库的类型，导出文件在本地的存放位置，全库备份的操作时间、间隔时间，增量备份的操作时间、间隔时间，备份成功后是否清除日志文件。以上策略内容可以测试本程序与主数据库和本地数据库的连接是否正常，然后保存相应配置。此外，备份和导出也可以根据需要手动进行。数据的存储介质可以是磁带机、磁带库、光盘库等。

此外，系统应具有完备的恢复方案，当操作失误或系统发生故障时，可将数据从备份载体中恢复，保证数据的可用性。

9. 技术趋势与未来展望

随着物联网、人工智能、区块链等技术的快速发展，抽蓄电站生产数据中心正朝着更加智能化、网络化、透明化的方向演进。未来，可以期待以下几方面的进展。

(1) 高度集成化：生产数据中心将更加紧密地与其他能源系统融合，实现资源的最优配置。

(2) 自主学习与自我优化：借助 AI 算法，生产数据中心将能够自我学习电站运行规律，预测并自动响应各种工况变化，实现更高水平的自治管理。

(3) 绿色数据中心：数据中心自身也将更加注重能效，采用可再生能源供电，减少碳足迹，形成良性循环。

(4) 跨界合作与开放共享：跨领域合作将成为常态，数据共享机制的建立将促进技术创新，加速行业标准的形成与应用推广。

总之，抽蓄电站生产数据中心作为连接传统能源与未来智能电网的桥梁，不仅关乎能源系统的安全稳定，更关系到绿色低碳转型的长远目标。通过不断的技术创新与模式探索，抽蓄电站将更好地融入新型电力系统，为实现全球气候目标贡献力量。

第7章　数字孪生电站

7.1　概　　述

数字孪生技术是通过数学模型与物理实体设备的结合，实现虚拟与现实的深度融合。其核心在于通过大数据的采集和分析，构建一个能够实时反映和预测物理实体状态的数字孪生模型。以下是数字孪生空间的几个关键构成要素。

个体空间：通过获取物理实体设备的机理数据，建立定量分析模型。这种模型帮助解决个体差异性问题，降低成本。

群体空间：通过分析集群运行数据，挖掘普适性规律，增强预测性和协同性的决策机制。

环境空间：通过内外环境数据的采集，建立环境与个体/群体效能之间的量化关系，解决复杂环境下的任务执行问题。

活动空间：提取和关联任务活动数据，优化个体或群体在环境中的协同活动，以实现多层级、多维度的任务目标。

推演空间：结合上述空间的关系模型，进行多模型协同知识推演，支持有效的认知与决策。

数字孪生通过这些空间的协同工作，实现物理设备与数学模型的相互指导和映射，推动工业资产的智能化发展。这一过程依赖于大量数据的积累和分析，随着时间的推移，数字孪生模型的能力和价值将不断提升。

数字孪生模型通过物理实体设备活动产生的数据，能够实现对个体和群体在环境中的活动状态的全面追溯与评估。这种模型不仅可以精确量化当前状态，还能分析环境对效能和任务目标的影响，并预测未来的发展趋势。通过这些预测，数字孪生模型能够提供认知和决策支持，以优化和指导个体与群体的活动，并将这些信息反馈给物理实体设备，实现模型与设备的深度融合。

数字孪生体系的核心在于数据驱动的预测分析能力。它主要依靠软件，结合必要的硬件设施，整合用户、对象、环境和集群之间的关系管理。通过大数据、网络和海量计算，数字孪生实现了智能感知、分析、挖掘、评估、预测、优化和协同等功能，将计算、通信和控制有机融合。

数字孪生的核心特征包括数据驱动建模、智能支持、对称建模管理、自适应能力、知识自成长。

(1) 数据驱动建模：通过分析活动结果与目标的差异，动态寻找协同优化的解决方案。

(2) 智能支持：通过自省、自预测和自重构能力，促进工业智能化发展。

(3) 对称建模管理：在赛博系统中对实体系统和人的知识进行建模，使人与实体系统通过数字孪生模型建立认知与交互。

(4) 自适应能力：赋予实体系统自省性、自预测性、自组织性和自调整能力，实现面向状态、集群、环境和任务的智能。

(5) 知识自成长：通过对实体系统中关系性的认知与建模，实现知识的可持续和规模化利用。

这种多维度的智能技术体系通过深度融合数字孪生模型与物理实体设备，推动了工业的智能化发展。

7.2　数字孪生知识体系及抽蓄应用

数字孪生是一个有明显体系化特征的技术框架，即以多源数据的建模为基础，并以智能连接、智能分析、智能网络、智能认知和智能配置与执行作为其 5C 技术体系架构。本节将详细介绍数字孪生体系中每一个层级的功能及实现方式。

第一层：智能连接层

智能连接层的核心在于高效和可靠的数据采集。它通过选择性地获取与活动目标和信息分析需求相关的数据，确保数据的透明化和有效性。以下是智能连接层的关键要素。

自感知系统：通过本地代理和通信协议，如 ZigBee、蓝牙、Wi-Fi 等，实现数据的记录、缓存和传输。智能连接层强调按需采集数据，类似于人类的选择性感知。

按需采集数据的导向策略及系统如下。

(1) 事件导向策略：根据操作工况和环境变化，调整数据采集频率。例如，稳定状态下的采集频率低，而在变化阶段则提高频率。

(2) 活动目的导向策略：针对特定分析目标，调整采集策略，如怀疑故障时提高采样频率。

(3) 设备健康导向策略：健康状态正常时采集较少数据，异常时增加采集频率，以准确评估状态。

(4) 数据采集管理控制系统：根据事件信息和设备状态，自动生成数据采样控制信号，优化传感器的采集活动。

第二层：智能分析层

智能分析层负责将数据转换为有意义的信息，这是实现健康评估和风险预测的基础。其核心特性可以与人类的记忆和分析过程进行类比。

抽象性：通过特征提取，将数据转化为信息，形成特征矩阵。

选择性：只存储与活动和思维相关的信息，增强对环境变化的映射。

归纳性：将信息与特定活动关联，是学习的基础。

关联性：形成信息到判断的映射关系，类似于 A→B 的映射。

时序性：新信息更具权重，旧信息逐渐淡去，提高分析效率。

智能分析层通过自记忆特性，实现数据到信息的智能筛选、存储、融合、关联和调用。这包括以下几点。

特征提取和聚类：根据特征矩阵进行信息分类和存储。

动态索引和标签：使用灵活的聚类算法和数据库设计，实现多标签数据的动态管理。

时序分析：使用遗忘因子调整信息的权重，确保分析模型与当前状态变化相匹配。

智能分析层的各自记忆特性与实现手段如表 7-1 所示。通过以上两层级的协同作用，数字孪生体系能够实现对物理实体设备的智能化监控和管理，促进工业智能化的发展。

表 7-1　智能分析层的自记忆特性与实现手段

自记忆特性	目标/意义	实现手段
抽象性	实现数据到信息的转换，提高数据存储和调用的效率	建立与分析目标相对应的特征提取算法和规则工具库
选择性	提高数据存储和调用的效率	事件为导向和变化为导向的存储方式
归纳性	实现信息的聚类	适用于不同数据特性的聚类算法模型工具
关联性	挖掘不同聚类信息内的特征与结论的相关性，作为决策支持的依据	关联性挖掘算法工具
时序性	与设备状态和活动变化相匹配，更新信息的权重	自适应性的特征提取，以及与遗忘因子的结合

第三层：智能网络层，即网络化的内容管理

智能网络层是数字孪生体系中至关重要的一层，它负责连接不同数字孪生单元或系统，促进信息共享和协同优化。以下是对智能网络层的详细描述。

智能网络层的目标是实现多维度因素条件下的定量评估、关联分析、影响分析和未来状态预测，从而达到协同与自优化的目的。其实现过程包括两个主要部分：空间模型建立和知识发现体系构建。

1. 空间模型建立

空间模型建立是智能网络层的基础，涉及以下几个方面。

个体模型建立：利用数据驱动分析和机理研究技术，研究个体对象的映射规则，形成元模型群和机理知识库。

群体模型建立：研究基于数字孪生技术的模型集成，构建群体空间知识库，支持系统级设备拓扑关系的研究。

活动模型建立：提取对象在环境中的活动特征，进行关联分析，形成活动规则模型和活动空间知识库。

环境模型建立：不仅包括外部环境的建模，还包括内部环境的转换，以确保环境模型的完备性。

推演模型建立：基于对象数据模型，进行活动特征的关联分析，形成多模型协同知识推演规则，支持多目标、多层次、多环节的活动优化。

2. 知识发现体系构建

知识发现体系通过记录和分析物理实体设备的活动和变化，建立完整的知识结构，支持智能网络层的信息共享和协同工作。

自省知识发现：通过多空间知识体系，进行多智能体的相互学习和检验，实现自省知识识别和主动发现。

预测知识发现：记录智能体在不同场景下的活动，分析和预测未来活动，实现智能预测知识发现。

检验知识发现：利用数据分析和统计手段进行知识检验，促进知识成果的转化。

决策知识发现：构建推演决策能力，自主识别和判断决策行为，丰富决策模型库和知识库。

在基于微服务的数字孪生智能网络层的实现过程中，定义从数据来源到支撑智能应用的整体信息流程是至关重要的。以下是具体步骤和技术支撑的详细描述。

1) 实现流程

确定数据采集的范围和边界，明确哪些赛博系统和信息系统需要纳入数字孪生。

统一输出数据的内容和格式，以确保对对象状态的准确和客观表达。

2) 融合建模

将连续的物理系统和离散的计算系统进行融合建模。

结合物理过程的连续行为模型和计算过程的数据流模型，实现数字孪生的计算-物理交互抽象。

3) 动态性能的实现

集成多系统的异构数据，确保异构系统之间的互操作性。

制定模型组件的连接标准，支持模型组件的演化与转换一致性。

4) 时空相关性管理

考虑数字孪生中各类模型在时间和空间上的相关性。

确定事件执行顺序，确保系统状态和行为的正确性。

5) 网络拓扑与通信协议

制定智能系统内部的数字孪生网络拓扑和通信协议。

分析通信网络的服务质量、延迟和对物理过程的影响，确保数据采集精度。

6) 微服务架构的应用

将应用分解为小型、可互相连接的微服务，便于开发、理解和维护。

支持系统的迭代升级，无须对已有服务进行大幅改动。

7) 数字孪生微服务体系的构建

根据数据、信息、知识和模型的流向，构建映射微服务群、面向对象的数字孪生模型微服务群和推演预测空间服务群。

8) 技术支撑、核心技术

智能网络空间的知识发现体系设计。

多空间建模、推演关系建模。

关联分析、影响分析和预测分析。

9) 关键技术

数据挖掘和信息融合。

机器学习技术，用于模式识别和数据分析。

10) 相关技术

模式识别和状态评估。

根因分析，用于故障诊断和系统优化。

通过这些步骤和技术支撑，智能网络层能够有效地支持数字孪生系统的智能认知与决策执行，促进更高效的工业智能化应用。

第四层：智能认知层，即评估与决策层

智能认知层在数字孪生系统中也扮演着至关重要的角色，它通过对机器信号的转换和分析，实现对健康与效能状态的评估，并支持决策制定。以下是智能认知层的详细功能描述及其实现路径。

1. 智能认知层的功能

1)健康状态评估与预测

信号转换：将机器信号转换为健康和效能状态信息。

风险识别：利用在线监测系统提前识别潜在状态风险，分析根本原因。

历史学习：通过对历史健康评估的自省性学习，应用预测算法预测潜在风险，并估计风险到达时间。

2)动态关联与评估

多源数据分析：在复杂环境中，动态关联多源数据，进行全面评估和预测。

层次化认知：根据不同角色和需求，提供不同层次的认知结果。

3)自认知能力

多维条件下的分析：模仿人脑活动，分析物、环境、活动之间的关联和影响。

个性化与规模化的平衡：开发普适性算法，利用个体数据建立反映个体状态的模型。

4)自决策能力

多要素综合分析：考虑状态、环境、目标和能力，进行多维度、多层次的综合分析。

决策链优化：分析多部门、多环节的决策活动及其相互影响，实现协同优化。

2. 实现路径

1)数据分析与推演模型建立

活动与结果关系分析：建立模型分析决策对象的活动与结果之间的关系。

优化目标定义：根据活动目标和信息，定义优化目标和限制条件。

2)优化算法选择

成本函数构建：将优化目标物化为成本方程，选择适合的优化算法。

多维优化处理：处理多维优化目标，定义目标权重，动态调整优化策略。

3)动态决策优化

实时反馈与调整：系统提供当前决策下的结果指标，用户可修改权重或决策结果，系统动态调整并预测新的目标结果。

协同优化与支持：通过多维度与多尺度的协同优化，支持全局最优决策。

3. 技术支撑

机器学习与数据挖掘：用于信号转换、风险识别和历史学习。

多源数据融合与关联分析：支持动态关联和层次化认知。

优化算法与决策支持系统：用于自决策能力的实现，包括多目标优化和动态调整。

通过这些功能和实现路径，智能认知层能够有效支持数字孪生系统的自动化、智能化决策过程，提升系统整体效能和响应能力。

第五层：智能配置与执行层

在数字孪生的 5C 技术体系架构中，智能配置与执行层是实现物理实体设备动态决策和执行的关键层。它通过将决策信息转化为具体的控制逻辑，支持设备的自重构和自成长能力。以下是智能配置与执行层的详细描述及其实现路径。

1. 智能配置与执行层的功能

动态决策与执行：动态、柔性控制，改变传统静态控制模式，实现动态、柔性的目标活动。

感知决策一体化：将感知与决策紧密结合，形成一体化的执行体系。

2. 自重构与自成长

自重构能力：设备能够根据新的决策信息自我调整和重构。

生态环境体系：形成可以自生长的生态环境，通过不断的反馈和迭代进行优化。

3. 决策信息转化

控制逻辑传达：将决策信息转化为各执行机构的控制逻辑，实现从决策到控制器的直接连接。

4. 通信与同步化集成

解决控制目标与不同控制器之间的通信与同步问题。

核心技术包括设备的自我修复和重构能力，以确保系统的鲁棒性和容错性；实现对设备的实时监控和控制，以确保快速响应；在故障发生时，系统能够自动恢复正常运行，在这个数字孪生的 5C 技术体系架构中，数字孪生从最底层的物理连接到数据至信息的转化层，并通过增加先进的分析和弹性功能，最终实现所管理系统的自我配置、自我调整、自我优化的能力。

5. 数字孪生抽蓄电站

数字孪生抽蓄电站基于数字化模型，将电站的运行和设备状态实时建模。通过传感器、监控系统和网络连接设备，电站的各种数据可以被采集、监测和分析，这使得运营人员可以实时了解电站的状态，并能够远程监控和调整设备的运行。

数字孪生技术还能够模拟电站的运行过程，通过大数据分析和人工智能算法优化电站的运行策略，可使得电站能够更有效地响应电力市场的需求，提供更灵活、可靠的能源供应。此外，数字孪生技术还能够预测设备的故障和异常，提前进行维护和修复，降低维护成本和减少停机时间。

数字孪生抽蓄电站的创新技术为未来能源领域带来了巨大的潜力和机遇。它能够提高能源利用效率，减少能源浪费，同时也能够降低对传统化石能源的依赖。这对于环境保护和可持续发展具有重要意义。

第8章　数字化应用

抽水蓄能电站的数字化应用正在成为支持新型电力系统建设和实现“双碳”目标的关键技术，推动了云计算、大数据、物联网、移动互联网和人工智能等技术与电站建设、生产和经营的深度融合，旨在实现对抽蓄电站设备、资产、业务、人力和运行数据的全面监控与管理。基于数字化感知和统一数据平台，结合抽蓄电站各专业部门的业务需求，通过人工智能赋能、机器替代等技术手段实现设备故障精准预测、机器代替人智能巡检和电站全生命周期管理，降低人员作业风险，提升电站风险管控能力，提高生产效率，为电力系统的绿色、稳定和高效运行提供了有力支撑。

8.1　智能运行高级应用

8.1.1　智能预警系统

传统水电厂计算机监控系统的报警主要是面对测点的直接报警，开关量主要是变位报警，模拟量主要是越复限报警、梯度报警等，通过脚本计算可以进行部分综合量报警。近年来，随着巨型抽蓄电站建成投产，实时数据规模已达到数万至十万级，给电站的安全稳定运行带来新的挑战，传统监控报警机制的不足日益突出，如以下几点所示。

(1)大量过程和刷屏报警，报警有效性不高。

(2)报警滞后，无设备异常预判和处理指导。

(3)报警形式单一，无关联分析。

(4)依靠运行人员判断系统运行状态，设备健康状态衡量体系不健全。

(5)信息孤岛严重，系统数据资源综合利用率不高。

已有技术难以保障电站长期安全稳定运行，亟需提出一种安全高速可靠交互的水电厂智能预警机制，以提高报警有效性和人员工作效率，防止引发安全风险。智能预警系统作为新测控技术体系的重要组成部分，将为水电厂智能预警机制的建立提供坚实的技术支撑。

1. 系统结构

智能预警系统如图 8-1 所示，其中数据服务器通过隔离装置采集安全Ⅰ、Ⅱ区各系统的数据。

智能预警根据需要汇聚各生产系统数据，主要生产系统包含以下几部分。

(1)安全Ⅰ区系统：计算机监控系统、调速系统、励磁。

(2)安全Ⅱ区系统：水情水调系统、状态监测系统。

(3)安全Ⅲ区系统：状态检修系统、工业电视系统、消防系统。

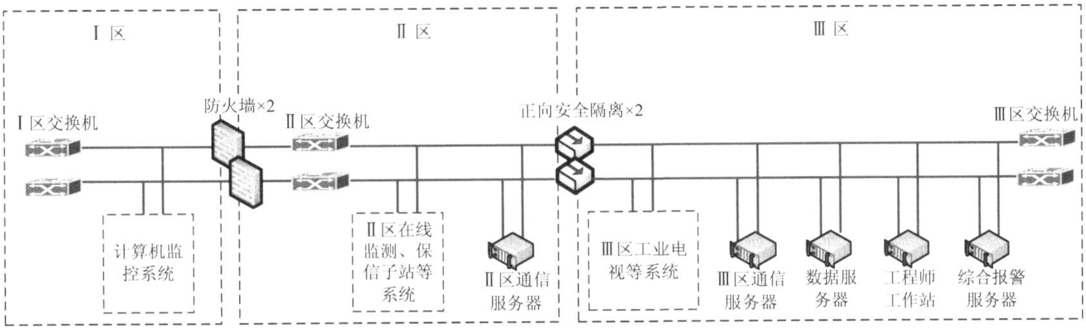

图 8-1　智能预警系统拓扑图

2. 系统功能

智能预警组件主要具备画面展示、报表查询、设置和管理报警组态信息、报警推送，以实现报警策略的智能化配置，并对有效报警信息进行及时确认等功能。

1)设备信息建模

对抽蓄电站的各类应用系统、关键设施、一次与二次设备数据进行系统整合，从物资管理、调度控制、运行监控、设备维护、项目管理等电厂全业务链维度出发，进行精细化数据梳理，形成一系列契合业务系统与设备运行管理需求的数据集合。明确各业务系统的输入输出要求，包括业务间数据交互的方式，并对数据进行精准分类与标签化，涵盖基础属性、台账信息、量测数据、特征数据、文档报告等多个维度。

在此基础上，构建抽蓄电站全景信息模型，涵盖模型的创建、存储、维护、发布等完整流程。模型的搭建以面向对象的设备模型为核心，遵循主题(方案)、构件(实体)、关系、属性、实例的建设框架，并以国家标准(国标)或行业标准(行标)(如 IEC 61970:2025 SER、KKS 等)为指导，结合抽蓄电站的长远规划与当前业务系统需求，打造具有电站特色的信息模型，确保满足《智能水电厂一体化管控平台技术规范》(GB/T 39264—2020)的集成要求，如图 8-2 所示。

(1)设备状态判断。

以水电厂各类设备对象为基本单元构建设备状态模型库，旨在对设备状态进行综合报警。例如，在设备状态库中将高压油系统定义为一个设备对象，该设备状态分为系统启动(高压油 1 号或 2 号泵启动，高压油顶起完成，高压油油流总管压力>10MPa)、系统停止(高压油 1 号和 2 号泵停泵，高压油油流总管压力<3MPa)。对机组本身要进行工况判断，停机、空转、空载、发电等基本工况判断还需结合负载、水头等信息进行综合机组运行工况判断。

(2)操作流程状态判断。

在数据服务器上建立设备操作流程模型库，使系统对设备的操作流程具备综合分析处理能力。以一体化管控平台为基础，监视所有设备在执行流程，用于需结合流程状态判断的智能报警。对于流程本身报警功能的实现包括三点：顺控流程，对流程的每一步

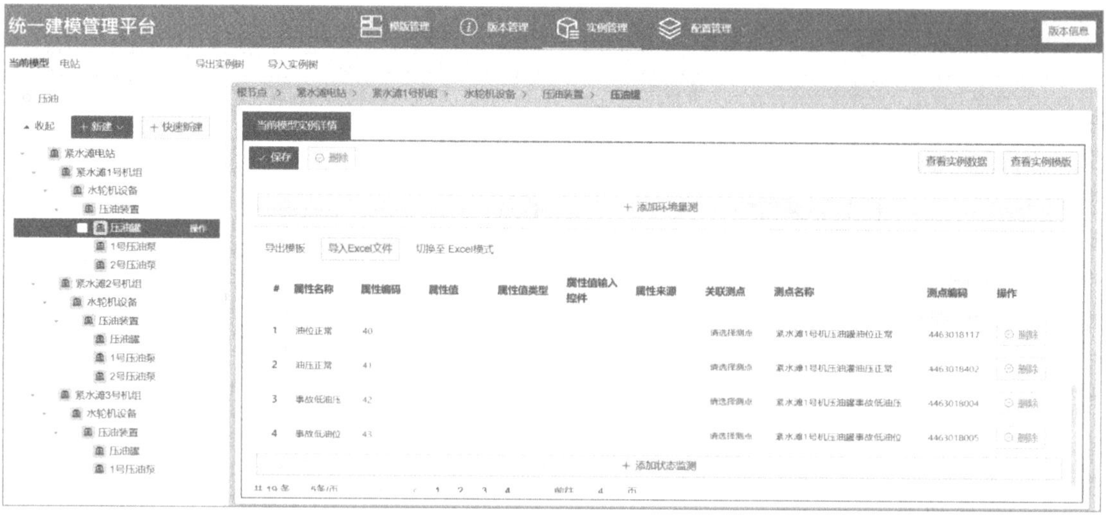

图 8-2　设备信息模型主界面

建立模型，判断该步操作是否成功；单控流程，判断单个设备操作是否成功；自动触发的流程，判断流程是否自动触发成功。通过本智能应用组件，智能报警可简化操作过程及检查量，包括操作前的风险评估及相应的提示、操作过程中的智能报警、操作完成后的智能评估和检查。

(3)关联设备状态判断。

建立各设备运行时的相互关联分析，判断在设备对象状态发生变化或可能发生变化时(由运行操作或自动跳闸引起)相关设备的联动反应，判断可能发生的报警事件或自动响应，指导运行人员进行下一步操作，并对现场设备是否按预期动作给出评估。例如，高压油系统的设备关系库数据包括推力瓦温、机组转速、开机流程启动、停机流程启动、机组自用电 400V 电压等。当高压油系统发生故障时，运行人员可通过设备关系库快速查看相关数据量状态，判断故障风险及影响。

(4)设备趋势学习判断。

根据工作中积累的与设备故障相关的经验建立模型，计算性能指标，进行预警报警，能够便利地进行数据纵向、横向对比，并生成相应曲线图，便于导出，同时具备手动在线趋势分析功能。

2)设备综合信息报警

面向设备或系统的综合分析报警，根据设备或系统的属性，综合设备直接测点状态、设备工作趋势等信息，进行设备运行工况分析、报警。根据报警等级不同，主要分为异常报警与故障报警。以电厂辅机中最常见的排水系统为例，其报警分级及相关量状态见表 8-1。

(1)异常类。

异常状态表示系统工作与常态不一致，但尚不能直接得出系统有故障的结论，需予以关注，给出异常报警。

水位计异常：趋势分析功能分析出集水井水位计或来水量异常时，及时报出。

表 8-1　排水系统综合分析报警列表

一级	二级	三级	相关量状态
排水系统报警	排水系统异常	水位计异常	水位信号
		来水量趋势异常	来水量短时突变
			来水量长时间缓变
		泵启停异常	单泵启停频繁
			排水系统启停频繁
		控制方式异常	泵自动可用小于 N 台
	排水系统故障	控制系统故障	系统电源故障
			排水泵故障
			PLC 未运行
			备用泵投入
		水泵系统故障	水位超高
			启备泵水位
			排水效率低

来水量趋势异常：趋势分析功能分析出集水井水位突升，超出正常水位上升速率，可能有水涌发生，及时报出。

泵启停异常：趋势分析功能分析出泵启停异常，即泵启停次数高于正常值时，及时报出。

控制方式异常：当系统小于 N 台排水泵自动可用时，报出异常。报警逻辑：泵“自动”方式数小于 N，N 由人为确定。

(2) 故障类。

故障状态是指报警模块分析认为设备有故障，此报警等级高于异常报警。

控制系统故障：综合分析倒换厂用电导致排水系统现地 PLC 控制柜或者单台泵上级电源短时消失，并报出相应故障，减少误报、避免漏报。

水泵系统故障：当排水系统水位计水位无异常时，智能报警系统自动扫查水位计的水位模拟量数值。当水位超过启泵水位值+10min(待定)，或运行效率低，或启备泵水位/集水井水位超高时，系统能自动报警。

报警逻辑：系统控制电源综合故障或者电源系统两路 DC24V 电源电压失压+延时 5s(躲避厂用电倒换引起的报警)；泵故障台数≥1；PLC 通信中断；备用泵投入。

3) 通用设备趋势报警

通过整编计算进行设备对象各个维度数据分工况、流程运行的特征提取，针对不同的采样数据，选择相应的整编算法进行数据整编计算，形成设备运行健康特征模型库，如图 8-3 所示。

特征算法同时以历史数据接口和实时数据接口为基础，根据设备长期运行的特征数

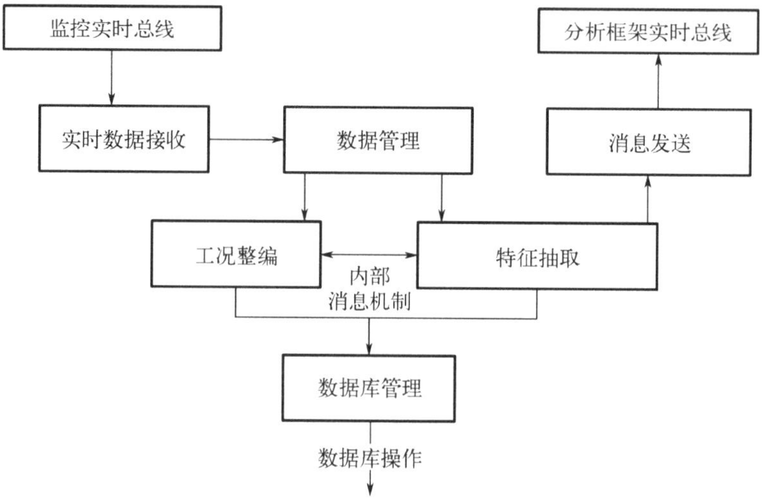

图 8-3　工况整编及特征提取功能图

据和相关运行经验，建立报警模型，通过建立符合电站设备运行状况的特征提取方法，剔除干扰数据，判断特征趋势，实现设备运行工况的趋势报警。

例如，温度分析：水电厂计算机监控系统包含大量的温度测点，设备状态报警系统应能实现对温度量的趋势分析，包含温度跳变等数据有效性检测、温度缓变报警(对比 1 小时、4 小时、1 天、3 天、7 天，当变化幅度超过限值时，触发报警，并能够有效避开负荷调整、开停机等操作)。油位分析：对调速器液压系统、水导外油箱油位等进行智能趋势分析，能够计算总油量，自动跟踪分析变化趋势，当油量变化超过限值时，触发报警，同时判断机组运行时油箱油位的变化趋势，若变化趋势明显发生变化，则产生报警及时提示。集水井水位分析：根据集水井的水位变化，计算漏水量，并能准确识别水位计故障(数据长时间未变化等)，当漏水量异常变化时，触发报警。

需要提取的特征包括以下几点。

(1)变化趋势特征：分析设备在不同工况与工况转换中的数据变化趋势。当数据变化趋势幅度超过预定阈值时，产生预警信息。

(2)稳态分布特征：计算数据分布区间和算术平均值，如机组振摆数据，判断当前数据是否偏离经验值，若偏离，则产生报警信息。

(3)启停频率特征：记录油泵、排水泵、空压机等周期启动设备的启停周期和运行时间，并与历史稳定运行值比较，若存在较大差异，则产生报警。

除此以外，系统可以对多个数据进行综合计算分析及报警。通过多个数据的算术运行，得到具有一定实际意义的综合数据，并通过上述方法进行分析。趋势分析主要分为纵向趋势分析和横向趋势分析：纵向趋势分析主要分析同一个设备数据在时间维度上的变化趋势，预测后期变化方向与梯度；横向趋势分析主要分析某个设备数据与同类设备数据或平均值的横向数据对比，得出同类设备中某个设备数据的异常变化趋势。

4)操作流程报警

除了基于设备的报警，还需要支持操作流程监视，分析设备操作流程的过程。当流程启动时，后台系统自动跟踪流程的执行过程，并同步在显示界面上弹出流程执行监视窗口，显示当前流程的执行过程。

如果流程执行过程偏离了相应的步骤就会触发报警，在流程执行监视窗口中，用明确的文字或图符显示流程当前执行什么操作、是否成功以及下一步将要执行的操作。若不成功，则显示流程执行失败原因，不需要显示流程详细执行过程。流程执行结果成功、失败和异常的显示须用带颜色(或高亮、闪烁)的字体标识，并用语音报出失败或成功结果。对于流程执行过程中产生的不影响流程执行的设备异常，则在流程执行完成后给出提示信息。若有多个流程同时启动执行，同时弹出多个流程执行监视窗口平铺显示，分别用于监视，可使用缩放技术充分利用显示屏空间，做到既能监视流程，也不遮挡其他背景数据。

此外，还要实现因流程操作造成的信号异常报警，即在设备操作中的部分模拟量越限或开关量变位属于正常现象，应结合流程控制工况产生报警。一方面避免非故障报警；另一方面也要保证报警的准确性，避免漏报。例如，在滤水器排污、技术供水正反向倒换和滤水器倒换操作中，会产生大量水信号开关量变位及模拟量越限告警并复归，为避免此类情况的发生，应对相关信号报警结合控制流程监视增加闭锁功能，当技术供水正反向倒换启动技术供水流程时，在切换流程执行的时间内，闭锁技术供水中断信号报警，以及技术供水水压模拟量越低限等报警，避免因流程执行造成的正常信息干扰运行人员，在流程执行结束后恢复相关信息报警，避免信息漏报。

5)报警运行期界面

按照设备层级将趋势报警、条件报警等所有报警信息进行树状结构归并，生成设备综合报警信息。右击报警时，自动弹出界面，以树状结构显示详细报警信息，同时提供查看相关数据点状态的功能，便于运行人员快速掌握事故原因及事故后的设备动作情况。

按照设备报警严重程度将报警信息分为预警、异常、故障、事故四个等级，在报警主界面上以不同方式(如预警：黄色；异常：橙色；故障：红色；事故：白色)显示。其中，预警是指设备趋于报警，但还未达到报警状态，例如，通过温度变化趋势计算，发现温度有升高趋势；异常是指设备能够继续运行，但某些部件发生故障，不需要运行人员介入，只需维护人员现场处理，如双路电源跳闸一路；故障是指设备发生故障，需要运行人员介入；事故是指导致设备停机的严重事件。

8.1.2　智能两票系统

“两票”制度即操作票和工作票，是电力企业能够安全生产的重要保障制度，可以有效地降低误操作率，保障广大电力工人的人身安全。但在具体“两票”实施过程中，仍然存在很大的问题。在操作票的具体执行过程中，存在填写不规范问题，如字迹不清晰、代签、漏签及盖错章的情况时有发生，同时存在部分人员因自以为操作熟悉而逃避办理操作票的情况。而在工作票的执行过程中，同样存在票面书写不规范等问题，安全措施不够完善，例如，没有具体写明人员间的安全距离等其他安全说明措施，同时也存在搭票作业情况，或者存在延期作业而未获审批等情况，给电厂的安全生产及人员人身安全带来了巨大隐患。因此，迫切需要语义分析、可视化建模推演、标准票库实例化、自学习以及专家知识库的应用，实现两票的安全检查闭锁保障，并与监控系统、五防系统、数字巡检图像识别系统等联动，实现全过程可跟踪、可监督核对，以及风险可控且高效、便利的两票闭环管理，构建抽蓄电厂智能化业务场景。

1. 系统结构

智能两票系统结构如图 8-4 所示。

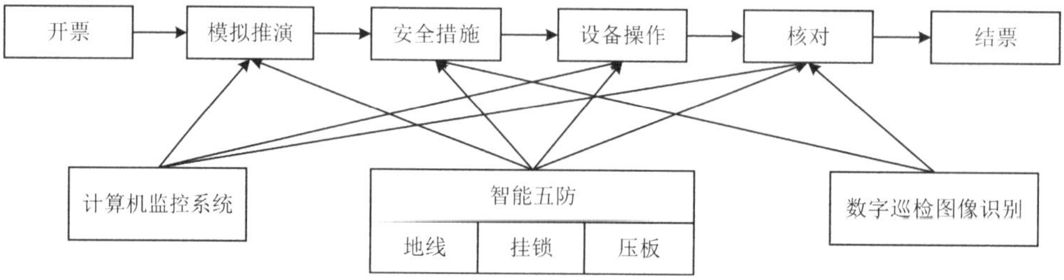

图 8-4　智能两票系统结构图

智能两票的模拟推演关联计算机监控及智能五防，通过开关、刀闸、地线、挂锁、压板信息，预演两票执行结果；两票的安全措施关联智能五防及数字巡检图像识别模块，检查地线、压板、挂锁等安全措施是否到位；设备操作关联计算机监控系统与智能五防，对需要操作的设备发令；两票的核对关联计算机监控系统、智能五防和数字巡检图像识别模块，检查被操作对象是否完成操作的指令，以及设备状态是否正常切换到位，核对通过后结束倒闸的操作。

2. 系统功能

智能两票系统依托传统的“两票”管理，结合新一代信息传输技术及人工智能技术，采用物联网技术及射频识别等相关手段，在作业区域的监控、预警及人员的实时定位等方面提供更多的便利，并以此构建智能移动“两票”系统。系统以“两票”许可和结束时间为时间要素，以人员定位和设备定位信息为空间要素，在空间和时间精准确定的前提下，实现智能化生成“两票”、移动化办票、“两票”高度关联、作业准确性和运维一体化，实现“两票”管理从开票到执行再到结票的全过程精准把控。

1) 典型票库管理

基于全厂设备信息建模，通过对电站设备操作行为特征的分析整理，提取关键动作词、设备名称词和状态词等，形成设备对象行为词典，并转换为电站结构化设备操作对象模型。

通过对成熟电站的历史票学习，包括识别操作票和工作票中的工作任务、工作内容、安全措施、危险点以及具体操作设备，进行面向电站设备的抽象、建模，建立电站的设备标准两票库。

将标准两票库与设备信息模型结合，快速进行标准库实例化，建立抽蓄电厂的典型票库。设备对象可根据对应设备对象行为词典进行操作内容的选择，标准化工作票、操作票模板，实例化工作任务、工作内容、安全措施、操作项目、危险点分析，避免票据内容人为编写失误，减少开票时的工作量，提高开票效率，有效规范操作步骤，形成快捷搜索、模糊搜索功能，根据相似度高低提供备选列表。

2) 智能操作票

操作票是规范操作人员具体工作动作的一种手段。常见的操作票主要为电气倒闸操作票和热力机械操作票，可大致分为操作票的填写、审核及回填等流程，操作票的生成可以通过原理模型图的计算机模拟动画操作过程来自动实现，同时可以对已经开具的操作票按照需求的不同进行相关查询、统计及评审等，操作票主要办理流程如图 8-5 所示。

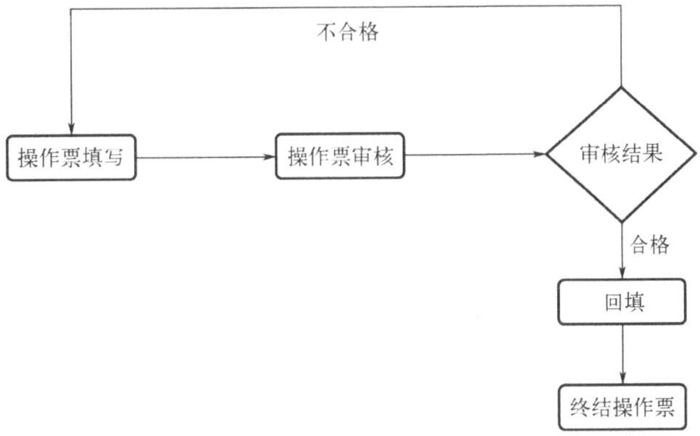

图 8-5　智能操作票办理流程

智能操作票支持手动、图形、调典型票、调历史票等多种开票方式。基于图模库和拓扑逻辑的图形化开票，可通过点选图元自动生成两票术语，后台进行防误逻辑智能判断，系统智能分析出动态危险点。

智能操作票利用自然语义识别技术和深度学习技术，识别任务指令，结合图形设备对象和拓扑关系、操作初始断面和最终断面，以及操作票成票规则等，实现基于任务指令的操作票智能生成。

此外，智能操作票可以对已经建立的操作票的多种条件进行查询，并且提供查询结果的导出和删除等操作，可以查询出生成、审核、未执行及正在执行等不同状态的操作票，同时提供操作票的统计情况，包括执行情况统计、合格统计及未执行代办操作票的情况统计等。

3) 智能工作票

工作票办理的业务流程包括工作票签发、工作票接收、布置并执行安全措施工作、工作的许可、工作开始、工作监护、工作延期、检修设备及试运行和最后的工作结束等，智能工作票主要办理流程如图 8-6 所示。

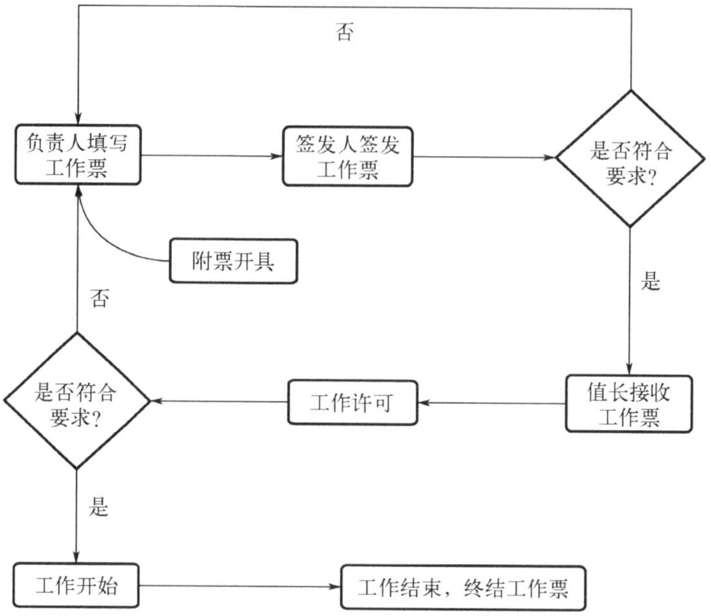

图 8-6　智能工作票办理流程

智能工作票支持图形化开票操作，开票时在系统图上单击需要检修的设备，系统会自动将内置的规则库及规范内容反映到票面上，从而生成规范的工作票。智能工作票系统支持按照设备类型预定义设备的操作和提示术语格式，实现开票时操作术语自动生成，保证工作安全措施操作术语的标准化和规范化。系统基于拓扑逻辑关系和设备属性智能判断，实现安全措施完备性智能校验。对于安全措施不符合工作要求的情况，系统会自动给出错误提示，保证安全措施的完备性。

此外，智能工作票提供不同工作票状态的查询，如查询未签发的工作票、已签发但未执行的工作票、目前正在操作的工作票、已经办结的工作票及作废的工作票等，并支持相关工作票情况的导出和删除等操作，可以对各类工作票的情况进行总体分析，如实时提示正在操作的工作票、面临过期的工作票及各类工作票的合格情况等。

4）冲突检查

基于图像识别及文档转换技术，智能识别原理图设备，替换静态设备元器件为动态图，实现运行图册的数字化、图源化。原理接线图、盘面布置图、系统结构图等通过图形化界面转化后，实现设备编号自动或半自动识别，并与信息模型结合，可完成操作票可视化建模推演、规范性检查和冲突检查等。

5）系统联动

两票与相关业务系统联动策略基于工作内容的监控系统、五防系统、数字巡检图像识别系统等联动策略，可实现两票闭环管理，构建抽蓄电站智能化业务场景，提升智能化抽蓄电站建设效果，如图 8-7 所示。

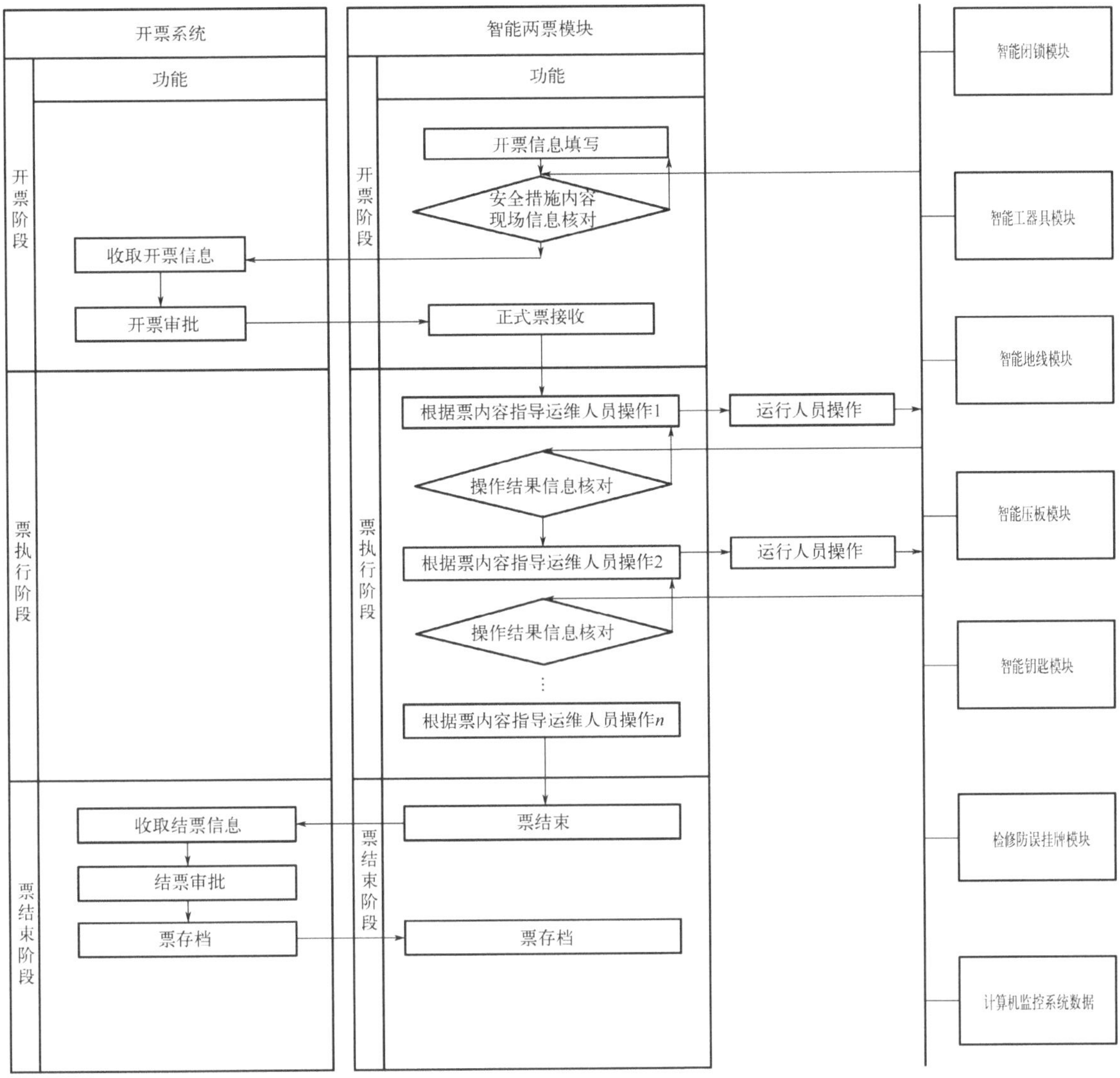

图 8-7　两票系统联动图

8.1.3　智能巡检系统

抽水蓄能电站作为电力系统中的重要组成部分，其安全、高效运行对于保障电网的稳定供电具有重要意义。然而，目前抽水蓄能电站的巡检工作存在着一些问题和局限性，这些问题不仅影响了巡检的效率和准确性，还可能对电站的安全运行造成潜在威胁。传统的抽水蓄能电站巡检主要依赖人工进行，巡检人员需要定期对电站内的设备、设施进行巡视和检查。然而，由于电站内设备众多、分布广泛，巡检人员难以对所有设备进行全面、细致的检查，容易出现漏检、误检等情况。人工巡检还存在着工作效率低、成本高、受天气和环境条件影响大等问题。

随着科技的不断发展，一些新的技术手段开始应用于抽水蓄能电站的巡检工作中，如机器人巡检、智能传感器监测等，不仅可以大幅减轻运维人员的工作负担，提高巡检的安全性和可靠性，还有助于实现抽水蓄能电站的精益化管理和智能化升级。

1. 系统结构

智能巡检系统以巡检机器人、高清摄像头、无人机、声纹采集装置、传感器等智能传感设备为信息采集主体，如图 8-8 所示。

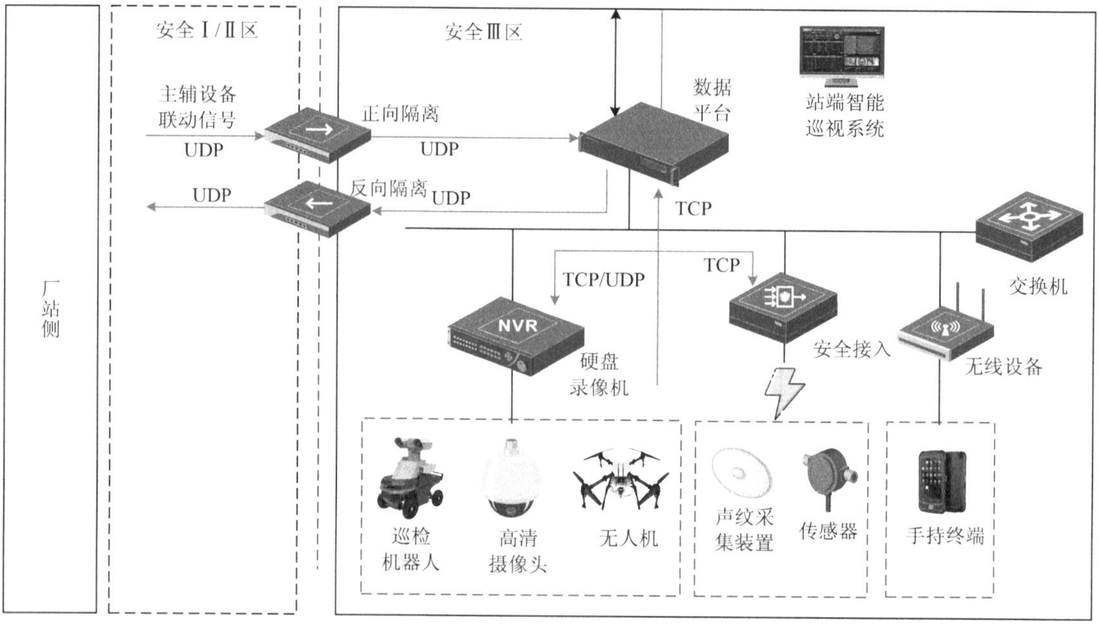

图 8-8　智能巡检系统拓扑图

2. 系统功能

智能巡检系统通过整合巡检机器人、工业视频、传感器等终端设备，实现对抽蓄电站内外部设备的自动化、智能化巡检，有效提高巡检效率和设备管理的现代化水平。

1) 图像与视频识别

图像与视频识别主要针对巡检机器人或工业视频采集的图像/视频信息，在对其进行去噪处理后，提取特征量并通过图像识别算法进行对比识别。识别功能包括表计识别、指示灯信号识别、压板状态识别、液体“跑、冒、滴、漏”识别、火灾烟雾识别、漂浮物识别等。

2) 红外图像

通过在智能巡检设备上安装红外成像摄像头或红外成像元器件，探测物体发出的红外辐射，将不可见的红外辐射转换成可视化的图像，以图像方式精确显示被测物体的温度分布，帮助操作人员迅速发现设备温度异常，进而初步判断设备是否存在故障或隐患。

3) 过程展示

传统巡检工作仅以巡检结果告知管理人员，往往忽略巡检过程环节，现阶段可将巡检工作与三维孪生场景结合，在三维场景中动态展示员工或机器人的巡检过程，实现此功能则需要依赖多种定位技术。人工巡检通常通过穿戴带有身份标识的无线射频卡片，运用北斗/GPS、UWB 技术实现人员室内精准定位；可自主移动轮式机器人，通过对巡检场所绘制三维地图，在巡检移动时采用激光雷达反射实现精准定位；对于 GIS 室内的重要设备区域，巡检机器人为获取设备详细数据保障巡检可靠性，通过处理大量图像数据的视觉方式实现定位。

4) 声纹识别

声纹识别是利用先进的音频处理技术，对设备运行时产生的声音进行分析和识别，从而在早期阶段发现潜在的故障或异常，是一种“听”的巡检方式。通过采集设备运行时发出的声音，对声音信号进行频谱分析，提取出声纹特征，声纹特征能够精确反映设备的运行状态。当设备出现故障或者运行异常时，其声音的特征会发生变化，通过对这些变化进行实时监测，可以实现气体泄漏、变压器运行、断路器动作、水轮机运行等电力设备的实时监测诊断。

5) 深度学习

深度学习技术是实现智能巡检系统的核心所在，能否实现巡检系统的“智能”在于系统是否具备自主学习能力，应基本包含机器学习和计算机视觉。红外成像分析、图像及视频流识别、巡检路径自动规划、嗅觉识别等技术实质上都采用了人工智能的深度学习技术。该技术通过长期对模型进行训练学习，建立电力行业专业化图像、声纹识别等典型特征诊断模型，并不断提高算法的准确率，从而提升识别的准确性。深度学习的系统由多层神经网络构成，通过大量数据进行学习。当前，应用于深度学习的神经网络构成的算法种类较多，例如，在图像处理系统中应用的常用算法包括人工神经网络算法、遗传算法、蚁群算法、模拟退火、粒子群算法；蚁群优化、人工蜂群则常用于路径巡检路线规划。

8.2　智能设备全生命周期管理系统

传统的抽水蓄能电站设备管理模式往往依赖于人工巡检、定期维修和经验判断，难以适应现代电力系统高自动化、大数据化、网络化的趋势。随着物联网、云计算、人工智能等先进技术的应用，抽水蓄能电站智能设备管理正逐步迈向全生命周期管理的新阶段。智能设备全生命周期管理强调从设备的设计、采购、安装、运行、维护、退役直至报废处理的全过程进行系统化、动态化、数据驱动的管理，旨在通过预防、精准预测、及时干预等方式，最大限度地提高设备效能、延长使用寿命、降低运维成本、减小故障风险。

抽水蓄能电站智能设备全生命周期管理的实施，不仅能有效应对设备老化、故障频发等现实问题，更能助力电力企业实现数字化转型、提升核心竞争力。据统计，对于实施全生命周期管理的电站，其设备可用率平均可提高 10%～15%，运维成本降低约 20%，故障停机时间缩短 30%以上。这样的效益提升，对电力企业而言，意味着更高的生产效率、更低的运营成本以及更强的市场适应能力。智能设备全生命周期管理还有助于推动绿色低碳理念在电力行业的深入实践，通过对设备能耗、排放等数据的实时监测与分析，为节能减排、环保升级提供有力支持。

8.2.1　系统架构

基于生产数据中心开发，继承分布式架构，集成数据平台组件，将生产运营全数据进行有效的数据资源管理，针对不同类型、来源、特性的多源数据进行合理有效的梳理及整合，实现数据标准化、集成化和标签化，提升数据接入能力、数据融合能力、数据资产管理能力和数据服务能力，完成抽水蓄能电站数据的接收、存储、管理、共享与服务体系建设。

以业务信息模型为中心，设备运行监测数据为基础，故障预测与诊断为手段，设备台账、报表报告为展示形式，串联点检管理、缺陷管理、检修管理、两票管理、技改管理、异动管理、技术监督等业务，并以工作流引擎驱动各个业务流程闭环，如图 8-9 所示。

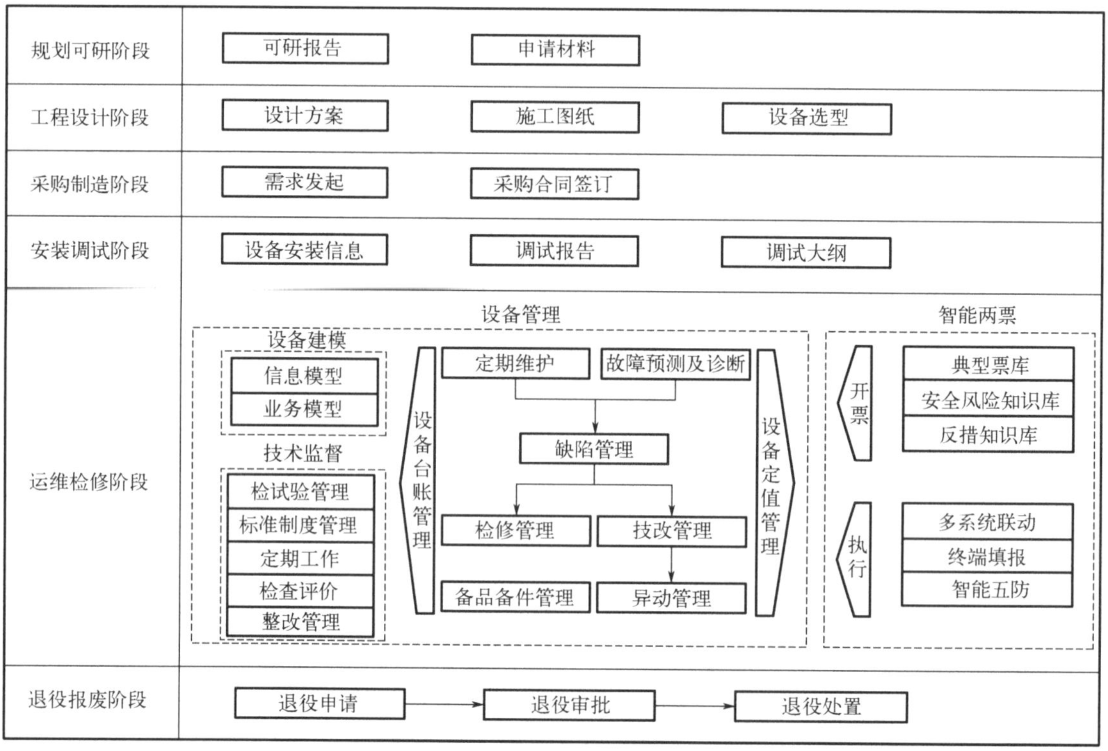

图 8-9　业务流程闭环

(1) 规划可研阶段：围绕规划可研相关资料管理，满足有关规划可研标准、设备选型标准、反事故措施要求、差异化设计要求等。

(2) 工程设计阶段：确认工程设计方案、施工图纸、设备选型等内容满足抽水蓄能电站有关工程设计标准、设备选型标准、反事故措施要求、差异化设计要求等。

(3) 采购制造阶段：聚焦于从提出采购需求到完成合同签订的过程，为后续设备的制造以及供应奠定基础。

(4) 安装调试阶段：针对安装人员资质、工艺控制资料、安装过程管理，对重要工艺环节开展安装质量抽检；在设备单体调试、系统调试、系统启动调试过程中，管理调试大纲、调试方案、重要记录、调试仪器设备、调试人员是否满足相关标准和反事故措施的要求。

(5) 运维检修阶段：对设备设施运行状况进行监测和管理，掌握其运行性能和变化规律，指导生产运行，为本项目建设重点工作。

(6)退役报废阶段：建立设备寿命评价模型，在设备到达使用年限或性能不满足生产要求时，开展申请、审批、退役处置流程管理。

8.2.2　系统功能

(1)设备业务信息建模：结合设备缺陷管理、检修管理等业务应用需要，以及数据库特性，进行数据库表存储结构、数据表主键、字段类型、字段长度等物理设计，形成数据中平台共享层物理模型、物理模型示例数据表，构建智能抽蓄电站设备全生命周期管理业务信息模型实体。

(2)设备台账管理：构建设备信息模型，生成可描述设备层级关系的抽水蓄能电站全厂设备树，每个层级的设备和数据可根据编码规则自动生成编码，编码具有唯一性，各业务通过设备唯一编码进行业务联动。通过设备管理软件维护设备信息，生成设备台账，直接反映设备的基本状况、设备责任人、设备技术资料、设备检修履历记录、定期工作记录、试验报告等信息。

(3)设备定值管理：以设备信息模型为核心，将设备定值作为设备属性进行统一管理，实现定值原则及范围设置、设备定值单编制与审批和定值资料归档及查看。

(4)标准制度管理：对国家、行业标准、规程、反事故措施等相关规定，以及电厂制度文件、工作计划、报表、总结、会议纪要、培训资料等设备管理文件进行统一管理，涵盖上传、下载、查询、预览等操作。

(5)设备技改管理：根据技改管理模块上报的年度技改计划和设备信息模型定义的技改项目，自动生成技改计划，技改计划包含技改项目名称、技改对象、开始和结束时间、审核状态等内容。技改过程主要实现技改计划的实施、技改内容及技改资料的展示与管理，以及技改项目名称、技改设备对象、实际实施开始与结束时间、审核状态及已完成技改项目的展示。

(6)设备异动管理：在对设备或系统设计结构、形式、性能、参数、连接方式等更改后开展设备异动管理工作，包括异动发起、异动方案编制、异动方案的技术评审、异动流程线上审批、异动总结。

(7)设备检修管理：应包括检修项目定义、检修工作内容、检修计划管理、检修进度管控、检修总结管理、检修维护等功能，检修计划经审批确认后应自动关联检修计划的生成。

(8)设备缺陷管理：汇集日常人工巡检、定期工作、智能巡检、检修维护、智能监盘等工作中发现的设备缺陷，形成缺陷编号、缺陷分类、缺陷现象、消缺意见、消缺完成情况、班组名称等内容展示功能。开展缺陷内容统一的管理，发起缺陷处理工作流程，划分缺陷等级，关联发起检修计划、技改计划或即时处理工单，形成缺陷流程闭环管理。对设备一定时期内的缺陷发生、处理情况进行汇总、分类、统计，生成设备消缺记录及设备缺陷统计报告。

(9)设备退役管理：根据设备厂商说明书中关于设备寿命的要求与计算方法，构建设备寿命计算模型。动态分析设备设计、安装、运行、维护、检修、技改等各阶段设备性能参数的变化，实现自动预测设备剩余寿命，以及设备检修、维护、退役和停产停备等状态的预警与提示，当设备达到退役条件时，提供对设备退役的申请、审批、处置、归档等操作支持，实现设备退役后的管理。

(10)定期工作：根据设备信息模型定义的设备专业类型及定期工作标准，涵盖抽水蓄能电站金属专业、水轮机专业、绝缘专业、化学专业、继电保护及安全自动装置专业、热工专业、电测专业、励磁专业、电能质量专业、水工专业、节能专业、环保专业、系统安全防护专业十三项内容，自动生成各专业所属设备的定期工作项目和定期工作计划，提供各专业定期工作计划、工作总结及相关专题报告，自动按周期和预设时间将计划推送给设定工作成员或工作班组，具备定期工作到期提醒和提前提醒设置功能。定期工作的执行与工单、检修工作相关联，其填报数据和完成情况具备对比分析和统计功能。

(11)检试验管理：按照信息模型定义的检试验要求自动生成检试验计划和试验表格。在报告中，针对每项指标，依据国标、行标，建立指标标准库，对检试验数据超标、未达到期望值、达到期望值做变色处理，报告数据采用曲线图、柱状图等各种图表类型，开发设备检修前后试验数据对比分析能力。

8.3　数字大坝系统

抽蓄的安全不仅关系到经济效益的正常发挥，而且关系到下游地区人民生命财产安全、国家经济发展和社会稳定等诸多方面，属于重大的公共安全问题。确保大坝等水工安全，避免溃坝事故的发生，是运行管理单位和政府监管部门的共同责任。工程安全监测是抽蓄工程管理的一个重要手段，布设完善、先进的安全监测系统，对结构物进行监测，并对监测成果进行及时分析和反馈，在抽蓄建设期和运行期的安全管理中具有举足轻重的作用。

1)保障工程安全

预防事故：抽水蓄能电站工程涉及大量的水工建筑物，如水库、大坝、引水系统、发电厂房等，这些建筑物在运行过程中可能受到各种因素的影响，如地质条件变化、水文气象条件波动、设备老化等。通过安全监测，可以及时发现潜在的安全隐患，预防事故的发生。

监控运行状态：安全监测能够实时或定期地获取工程各部位的运行状态数据，如位移、应力、渗流等，为工程管理提供科学依据。通过数据分析，可以评估工程的稳定性和安全性，确保工程在可控范围内运行。

2)提高工程质量

反馈设计参数：抽水蓄能电站工程的设计虽然基于丰富的经验，但仍然存在一些未知数和不确定因素。通过安全监测，可以获取工程在实际运行中的各项参数，与设计参数进行对比分析，验证设计的合理性和准确性。同时，监测数据还可以为今后的设计提供宝贵的参考。

优化施工方案：施工期的安全监测能够反映施工质量和施工条件，为改进施工工艺提供科学依据。通过监测数据的分析，可以及时发现施工中的问题和不足，优化施工方案，提高工程质量和施工效率。

3)促进可持续发展

保护生态环境：抽水蓄能电站作为一种清洁能源项目，对于促进能源结构优化、减少温室气体排放具有重要意义。通过安全监测，可以确保工程在建设和运行过程中对生态环境的影响降到最小，实现经济、社会和环境的协调发展。

提升能源利用效率：安全监测有助于优化抽水蓄能电站的运行策略，提高能源利用效率。实时监测电网负荷变化和水库蓄水情况，可以灵活调整抽水和发电时间，实现电能的最佳储存和释放，为电网提供稳定可靠的调峰调频服务。

综上所述，抽水蓄能电站工程安全监测的必要性不言而喻。它不仅关乎工程本身的安全和稳定，还关系到生态环境保护、能源利用效率提升以及法规要求的满足等多个方面。因此，在抽水蓄能电站工程建设和运行过程中，必须高度重视安全监测工作，确保各项监测措施得到有效落实和执行。

8.3.1　系统架构

基于数字抽蓄平台，构建抽蓄工程智能分析与评估系统，该系统由感知层、传输层、数据层、服务层和应用层组成，总体框架如图 8-10 所示。

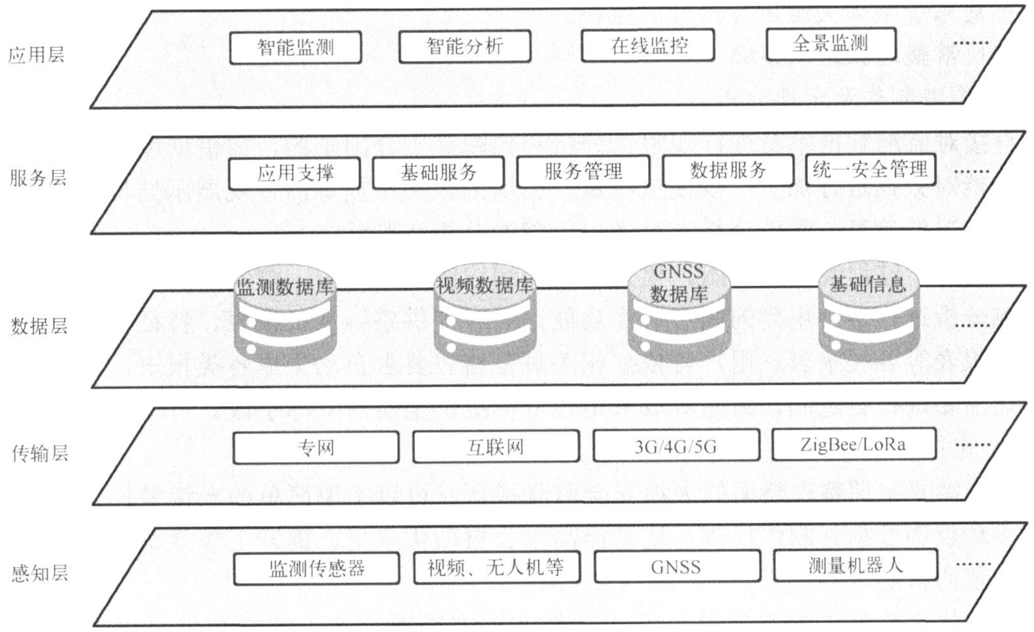

图 8-10　系统架构图

GNSS-全球导航卫星系统

(1) 感知层：系统运行的基础，分布在工程现场，感知反映工程安全的变形、渗流、应力应变等物理量以及现场视频等。

(2) 传输层：主要包括专网、互联网、3G/4G/5G、ZigBee/LoRa 等。

(3) 数据层：主要承担数据存储与管理功能，为业务应用支撑层提供存储和数据交互的服务。

(4) 服务层：位于数据层和应用层之间，主要为业务应用提供基础数据、业务处理和服务调用等功能，还含有数据服务、数据采集、数据处理、推演计算、权限管理等基础服务功能。

(5)应用层：业务的核心，由智能监测、智能分析、在线监控、全景监测等功能组成。

8.3.2　系统功能

1. 智能监测

1)在线监测

在线监测可实时监控水工结构安全监测数据，对最新数据的可靠性进行验证和筛选，以确保监测数据按流程完成责任清晰的审核，提供用户后续查询和正式使用。其主要包括对监测数据的监控、数据校核、对数据异常的确认和处理等功能。

系统自动通过预设的监控准则完成对测值的初步校核，将监控结果按照正常、异常、错误进行分类，待用户进行进一步的检查。

2)监测系统状态监视

系统状态监视不仅包括对传感器、数据采集装置等硬件设备工作状态的实时监视，还包括对系统整体关键运行指标的监视。

3)日常整理和定期整编

(1)图表制作及定性分析。

直接对监测数据本身进行观察、分析和判断是十分困难的，需借助图表化、数理统计等功能对数据进行加工，以便从海量、枯燥的数字中提炼出直观展示结构物基本性态和安全状况的信息，帮助分析人员做出正确的分析和判断。

系统提供过程线、分布图、相关图、浸润线图、矢量图、测斜图、布置图等资料整理整编分析过程中常用到的图形制作功能，同时提供整编规范报表、特征值统计报表、自定义报表等各类报表。用户可依据相关规范格式要求自动生成各类报表，或依据不同个性化需要进行自定制，为监测成果定性分析提供坚实的支撑手段。

(2)定期整编。

对于需要定期整理整编的大坝安全监测报告，可以实现简单的一键替换，而无须传统的手动查询数据并制作报告，达到提高办公自动化水平、提升工作效率、降低文档制作工作量的目的。

格式化文档的主要功能分为编辑功能和数据替换功能。编辑功能可以实现对一个Word文档在需要插入可变数据(图形、报表、数据等)的位置，从资源文件的数据来源处生成标记并保存。数据替换功能可以实现对已生成标记的Word文档从资源文件处获取查询数据，并替换至Word文档中标记的部分，实现一键生成日常监测报告的功能。

4)回归建模和定量解析

系统可建立分析量的多种分析模型，包括统计模型、混合模型、确定性模型和分布模型；提供多种监测资料定量分析计算方法，如多元线性逐步回归、全回归、偏最小二乘回归等。这些建模方法和回归算法有着各自的适用条件，被存储在方法库中。通过从方法库中调用合适的建模和回归方法，可以建立大量描述监测成果的基本规律、反映结构物基本性态的监测物理量模型方程，被存储在模型库中，供对结构物进行安全评估或预测预报时使用。系统可自定义多套环境量组合因子以供建立分析模型。建立得到的分析模型可以保存为私有，也可保存为公有。保存的分析模型包括计算人、模型的统计精度、模型所用的数据时间段、因子分量的过程线等。可将得到的统计模型输出为 Word 文件。

系统应能分解分析量分析模型中的各组成成分，分析分析量间的对比关系，揭示分析量的变化规律和原因，提供“分析量过程图”“分析量相关图”“分析量分布图”“分析量特征值数据”“分析量样本数据”“方案比较分析”等内容并进行分析，如图 8-11 所示。

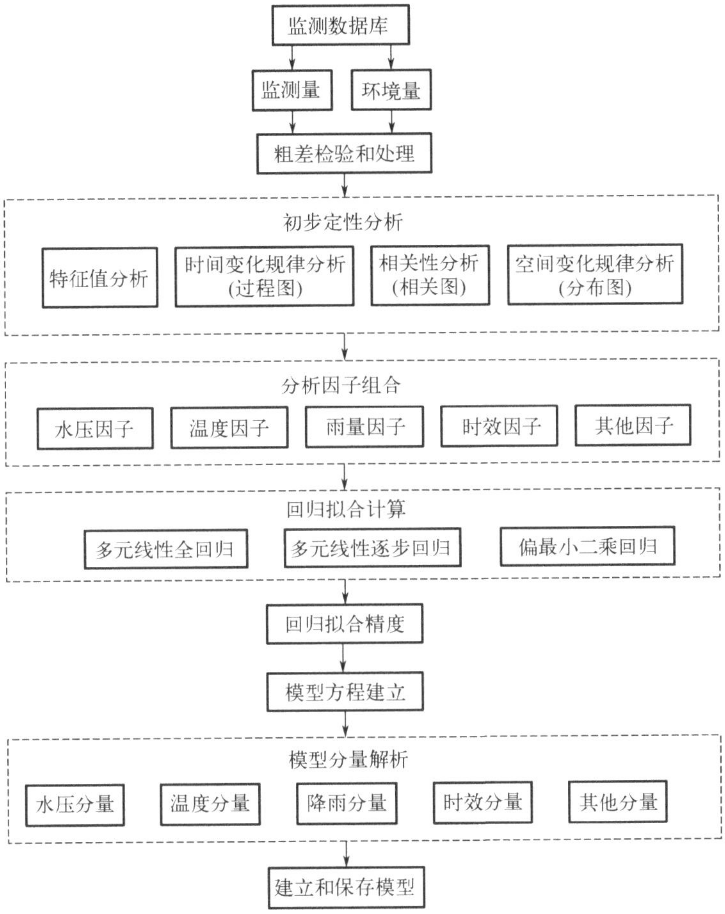

图 8-11　回归建模和分量解析示意图

2. 智能分析

大坝安全智能分析采用大数据、机器学习、人工智能等技术自动挖掘提取海量数据中蕴藏的规律、趋势和关系，对各类水工结构物及边坡的整体或局部安全状态做出判断与评估，自动识别可能存在的安全隐患和薄弱区域，实现异常定位、根因分析和风险预测，针对发现的异常或险情给出告警，实现安全在线监控，为大坝运行调度和维护管理提供智能化的决策支持，提升大坝安全科学化管理水平。其主要功能包括以下几点。

(1) 实现海量数据的自动清洗。

(2) 实现原因量的自动识别与自动分析，报告不利工况。

(3) 实现效应量的自动识别与自动分析，筛查效应量的超限和趋势性等不良现象，提示应引起关注的效应量。

(4) 实现效应量回归模型方案的智能寻优及自动建立。

(5) 实现大坝安全整体或局部性态的智能分析评估与诊断，提示异常险情及其可能的原因。

(6) 根据被测物理量的监控指标，实时发现监测数据的超标情况，并结合实时巡视检查信息进行进一步综合，实时识别被测结构物是否存在安全隐患，给出必要的告警，实现安全在线监控。

(7) 基于系统平台实现分析结果的形象展示、分析过程的回溯，分析及监控成果能够智能生成和输出。

(8) 综合展示大坝变形、渗流、应力应变等监测量的智能分析成果，包括各物理效应量的量值大小、时空规律、变化原因、不良趋势等特征，还有其关于环境量的物理模型，通过图表分析展示导致所测物理量变化的各种原因，以及它们各自的贡献大小。

3. 在线监控

研究抽蓄安全监控预警体系，建设大坝安全在线监控功能模块，实现大坝安全在线监控和预警。实时监测抽水蓄能电站上下库、输水系统和地下厂房的安全状态，深度融合监控信息与三维可视化模型，立体展示工程的安全运行状态，指出存在的问题及其可能产生的区域、时间，确保及时发现工程安全隐患，实现水库大坝安全在线监控。

(1) 原因量监控：分析并展示原因量的筛查情况，包括原因量的超限情况，报告不利工况。

(2) 效应量监控：分析并展示效应量的筛查情况，包括效应量的超限和趋势性等不良现象，提示应引起关注的效应量。

(3) 巡检监控：建立巡检成果与结构物安全状态的映射关系，分析判断巡检成果，空间定位结构物薄弱部位，给出异常提示及可能原因。

(4) 安全监控：实时展示大坝综合安全状态，定位可能存在的安全隐患和薄弱区域，并实现根因分析和风险预测，针对发现的异常或险情给出警示，为大坝运行调度和维护管理提供决策支持，提升大坝安全科学化管理水平。其技术路线及展示界面如图 8-12 和图 8-13 所示。

4. 全景监测

1) 监测测点信息浏览查询

在三维场景中，对于所有安全监测测点及监测仪器，以模型或地标的方式展现其空间分布，并可通过鼠标交互进行模型查看。

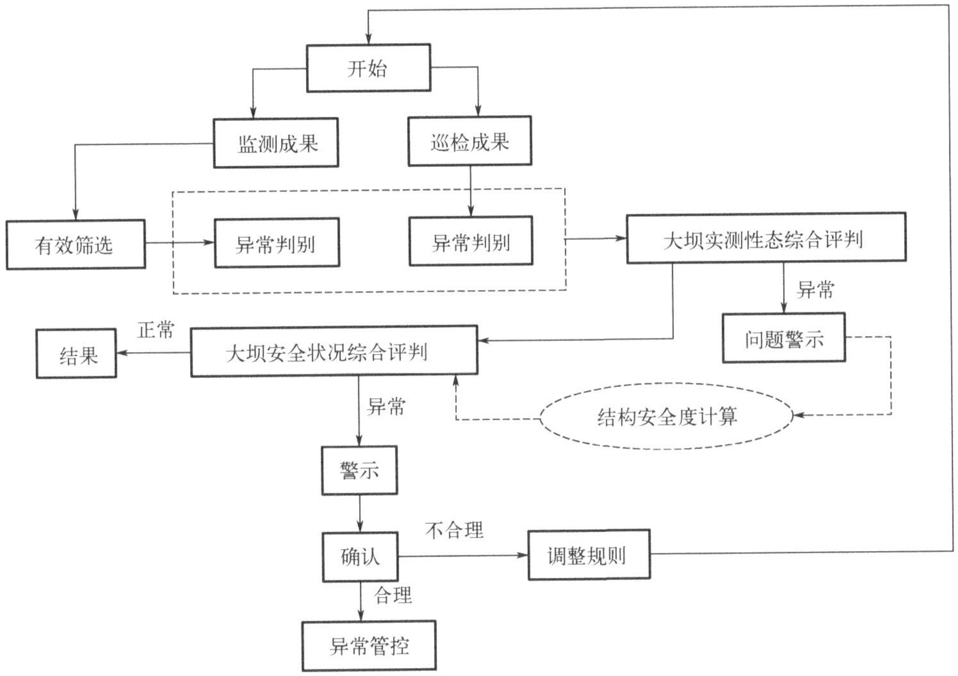

图 8-12　在线监控技术路线图

图 8-13　在线监控展示界面图

(1) 测点定位：通过输入测点编号，在三维场景中自动定位到测点所在部位。

(2) 测点信息展示：通过在三维场景中单击相应测点，以弹框列表的形式展示测点的身份信息，如测点编号、安装位置、设备状态、最新测值等。

(3) 测点选测：实现在三维场景中选择测点进行测量，测值存入数据库。

(4) 测值查询：通过在三维场景中双击相应测点，用户输入指定时段后，以弹出窗口形式给出测点的历史数据过程线图及数据表格，图表放在同一个展示界面。

(5)进入二维布置图：实现在三维场景中，通过单击测点，进入所在断面的二维布置图。

2)监测自动化系统信息查询

(1)采集模块定位：通过输入采集模块编号，在三维场景中自动定位到采集模块位置。

(2)采集模块信息：在三维场景中，单击模块，查看基础资料，包括采集模块身份信息、所在部位、模块类型、接入仪器、显示模块状态等。

(3)电缆走向三维展示：在三维场景中展示电缆布置、走向。

3)异常报警展示

(1)测值异常报警：测值异常包括超限、缺数等，通过测点闪动方式提示用户检查相关部位，并根据预设的可能原因，模拟检查路线，指导用户进行相关处理。

(2)自动化系统故障异常报警：系统故障异常包括线路故障、通信中断等，通过异常部位闪烁，提示用户进行检查，并根据预设的可能原因，模拟检查路线，指导用户进行相关处理。

(3)报警信息发布：可通过弹窗、短信方式向用户发布报警信息。

4)监测成果三维展示

(1)变形成果三维展示：将变形监测成果放大一定比例(比例可由用户输入)，加载到三维模型中，生成水工建筑物变形的三维展示效果图。

(2)渗流成果展示：将渗流渗压监测成果加载到三维模型中，展示不同高程渗压水头分布图等，同时可通过单击各高程查看二维分布图、单击各测点查看最新测值。

(3)应力应变成果展示：将应力应变监测成果加载到在三维模型中，显示各测点的应力，单击各测点可显示最新测值。

8.4　数字抽蓄工程实践

8.4.1　某混合抽水蓄能电站数字化改造

1. 工程概况

某混合抽水蓄能电站枢纽工程由“一厂、四站、两坝”组成，共有水力发电机组 11 台，总装机 2000MW，所有机组于 1992 年全部投产发电。数字化改造前，该混合抽水蓄能电站枢纽工程陆续建成现地数据采集、调度控制、生产管理等完整的自动化体系，支撑了电厂安全稳定、经济高效运行。然而，由于各个自动化系统是在不同的时期由不同的厂家承担建设的，未从全局高度对所有自动化系统的资源进行有效整合。数字化改造前的自动化系统“各自为政”，各系统厂商在不了解其他系统的情况下，为了满足自身的功能要求，必须在数据层和应用功能模块等方面单独开发，无法确保数据和业务处理的一致性和延续性。各自动化系统独立运行，数据传输标准众多，数据源分散，数据存储、数据处理等缺少统一设计，导致系统的整体性差、结构不合理、安全防护能力弱、横向集成和纵向贯通困难，难以进行历史数据统一管理、分析和挖掘，以及建立高效的智能业务决策支持系统，阻碍了生产、管理和决策能力的提升。因此，十分有必要进行数字化改造。

2. 工程实施情况

2010 年，项目通过立项审查并正式启动。该混合抽水蓄能电站枢纽工程结合自身的管理调度模式和组织结构特点，在充分利用现有自动化系统的基础上，依据智能水电厂建设总体架构设计和技术要求，开展数字化改造。其整体结构设计如图 8-14 所示。

本项目的建设特点在于保留了原有位于安全 I 区的集控系统和五防系统，在集控层新建一体化管控平台，并与原有的集控系统之间通过支持 DL/T 860 标准的 MMS 协议进行通信。监控及“四遥”功能仍然由原集控系统承担，包括机组状态监测等的其余功能由一体化管控平台承担。本项目一体化管控平台部署了流域经济运行、主设备状态检修决策支持、防汛决策支持与指挥调度、大坝安全分析评估与决策支持、安全防护管理等智能应用组件。

2011 年 8 月，项目整体通过试运行验收。同年 12 月，项目出厂验收。通过智能水电厂建设，该混合抽水蓄能电站实现了梯级集控、安全防护、信息通信、图像监控、调度控制、水库调度、状态监测、专家决策等水电生产运行管理的各个环节的一体化管控，充分发挥了流域集中管控的优势，提高了发电效率，提升了集约化管理水平。

8.4.2　某抽蓄公司数字化中心建设

1. 工程概况

某抽蓄公司已投产抽水蓄能电站二十多座，总装机约 2000kW，在建抽水蓄能电站二十多座。在进行数字化建设前，公司建有生产管理系统、生产实时系统、大坝安全监测信息管理系统等多套系统。但各系统各自独立部署，系统间缺少信息交互和应用融合；同时还存在系统数据格式不统一、数据重复录入等问题，导致数据贯通、数据共享、状态评价、业务协同以及分析决策较为困难，不能满足公司对抽水蓄能业务集约化管理的需求。为此，该公司规划建设生产数据中心，实现公司与电站数据的统一标准、同源维护、统一管理，加强公司与电站数据共享和流程融通，实现数据链路监测、常态化数据治理、基础资源监测及服务应用监测，为公司日常管理提供可靠的电站运行量测数据；支撑公司设备分析、预警、运检管理业务的部署；支撑公司企业运营统计、分析等业务的快速、高效部署；支撑数据中心后期的高效运维管理，减少运维工作量；建立电站设备信息模型，形成公司关于电站运行特征、设备运行状态等的企业标准数据模型。

2. 工程实施情况

依据规划，本项目基于内网云平台部署数据中心软件。基于该软件构建信息模型管理应用组件、数据采集应用组件、数据存储管理组件、数据开发管理组件。系统构架如图 8-15 所示。

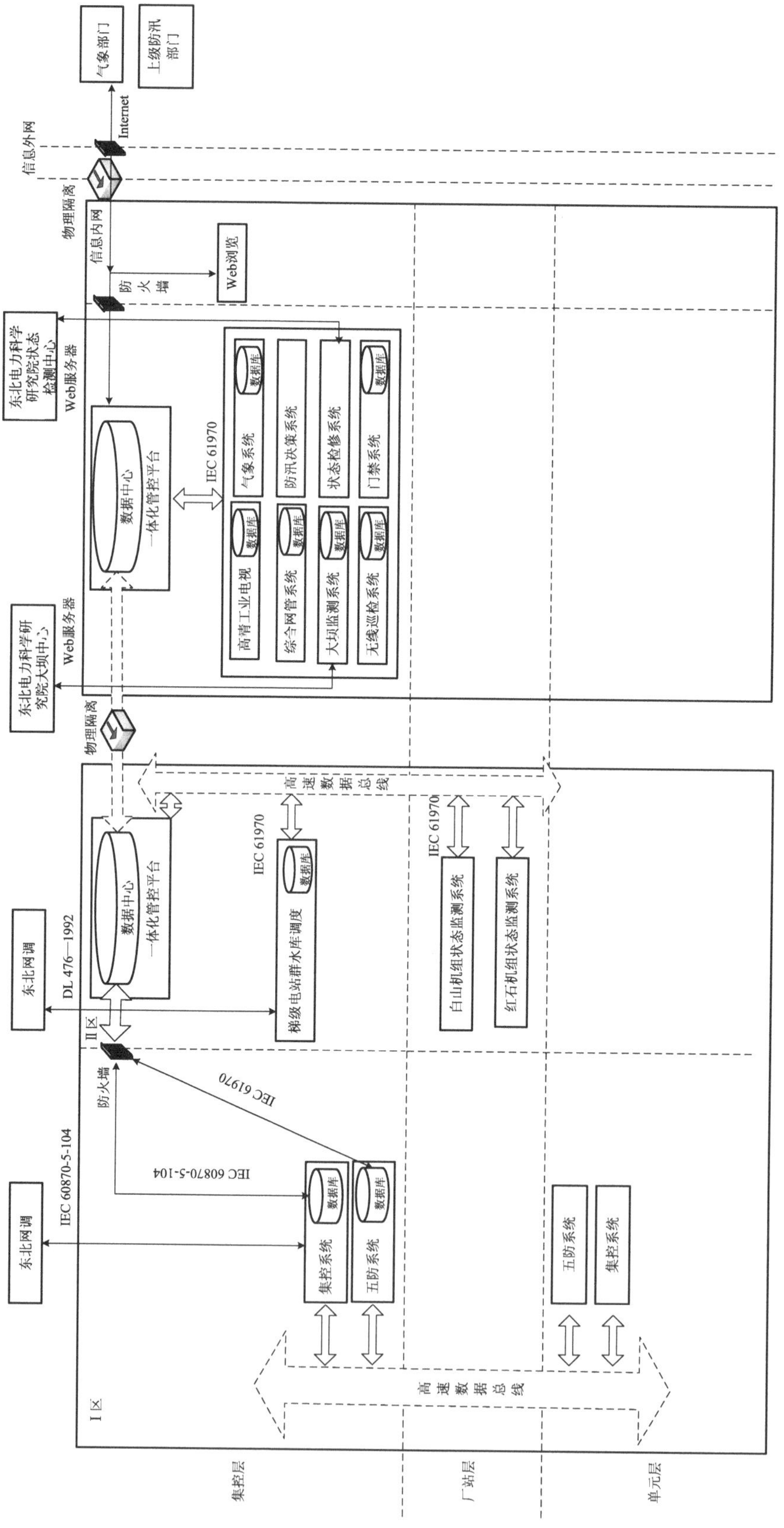

图 8-14　某混合抽水蓄能电站数字化改造项目系统构架图

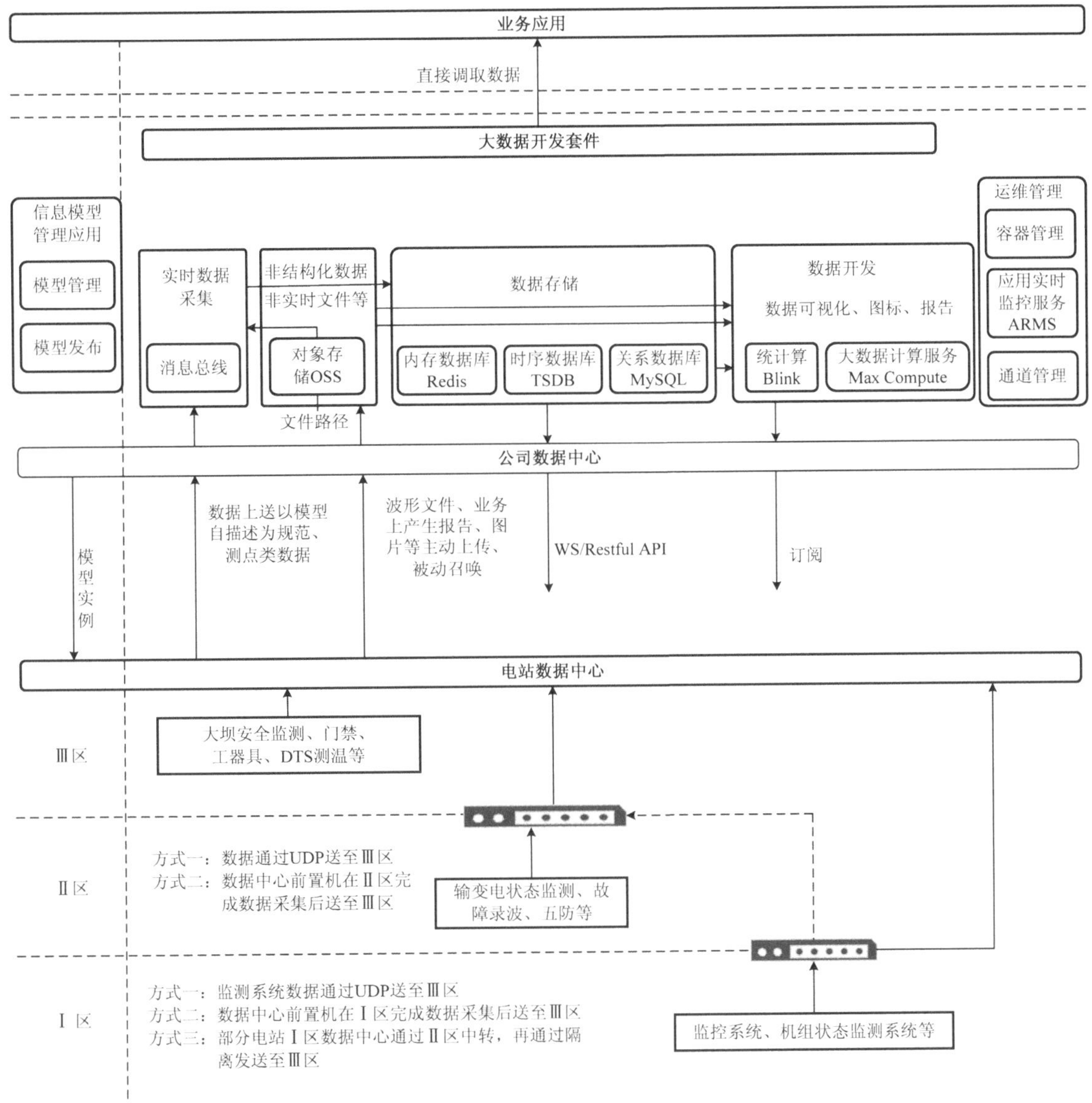

图 8-15　某公司数据中心系统构架图

参 考 文 献

国家市场监督管理总局，国家标准化管理委员会，2021. 智能水电厂技术导则(GB/T 40222—2021)[S]. 北京：中国标准出版社.

国家市场监督管理总局，国家标准化管理委员会，2021. 智能水电厂智能测控装置技术规范(GB/T 39627—2020)[S]. 北京：中国标准出版社.

李杰，邱伯华，刘宗长，等, 2017. CPS：新一代工业智能[M]. 上海：上海交通大学出版社.

刘观标, 2018. 智能水电厂技术及应用[M]. 北京：中国电力出版社.

王胜中, 2023. 智能“两票”系统在数字电厂中的应用[J]. 科技创新与应用, 13(7): 185-188.

王勋，王新，魏举锋, 2021. 智能巡检系统在电力行业中的应用研究[J]. 四川水力发电, 40(1): 109-112.